U0817922

FLIPPED LEARNING

GATEWAY TO STUDENT ENGAGEMENT

翻转学习

如何更好地实践翻转课堂与慕课教学

[美] 乔纳森·伯格曼Jonathan Bergmann 亚伦·萨姆斯 Aaron Sams

翻转学习诠释教学的真谛

·因材施教·

中国青年出版社
CHINA YOUTH PRESS
中青文传媒

图书在版编目(CIP)数据

翻转学习：如何更好地实践翻转课堂与慕课教学 /（美）乔纳森，（美）萨姆斯著；王允丽译.
—北京：中国青年出版社，2015.8（常青藤教育书系）
书名原文：FLIPPED LEARNING: GATEWAY TO STUDENT ENGAGEMENT
ISBN 978-7-5153-3483-7
Ⅰ.①翻… Ⅱ.①乔… ②萨… ③王… Ⅲ.①课堂教学－教学研究 Ⅳ.①G424.21
中国版本图书馆CIP数据核字（2015）第152391号

Translated and published by China Youth Press with permission from ISTE. This translated work is based on Flipped Learning: Gateway to Student Engagement by Jonathan Bergman and Aaron Sams. © 2014, International Society for Technology in Education (ISTE). All Rights Reserved. ISTE is not affiliated with China Youth Press or responsible for the quality of this translated work. Simplified Chinese translation copyright © 2015 by China Youth Press.

翻转学习：
如何更好地实践翻转课堂与慕课教学

作　　者：[美] 乔纳森·伯格曼　亚伦·萨姆斯
译　　者：王允丽
策划编辑：肖妩嫔
责任编辑：胡莉萍
美术编辑：张燕楠
出　　版：中国青年出版社
发　　行：北京中青文文化传媒有限公司
电　　话：010-65511270/65516873
公司网址：www.cyb.com.cn
购书网址：zqwts.tmall.com　www.diyijie.com
印　　刷：三河市文通印刷包装有限公司
版　　次：2015年9月第1版
印　　次：2019年9月第5次印刷
开　　本：787×1092　1/16
字　　数：100千字
印　　张：12.5
京权图字：01-2015-0111
书　　号：ISBN 978-7-5153-3483-7
定　　价：32.00元

版权声明

未经出版人事先书面许可，对本出版物的任何部分不得以任何方式或途径复制或传播，包括但不限于复印、录制、录音，或通过任何数据库、在线信息、数字化产品或可检索的系统。

中青版图书，版权所有，盗版必究

目录
CONTENTS

扫码免费听
《高效能人士的七个习惯》有声书

前言
PREFACE

翻转学习是翻转课堂变革的深入和延续

• 翻转学习的诞生 •

2006—2007学年开始时，我们来到科罗拉多州的伍德兰公园高中教授自然科学。乔纳森来自丹佛市，入住313房间，而亚伦来自洛杉矶市，入住314房间。

由于在之前的学校都教过化学（乔纳森曾执教化学长达18年，而亚伦也有6年的经验），我们初来乍到便组成了伍德兰公园高中的化学教师团队，并决定合作设计化学课程。虽然教学方法有很大差异，但我们都秉承了相同的教学理念——把学生放在第一位，使他们在认知和情感上都得到发展。我们的合作创建了一种协作和反思的文化氛围，这种氛围在我们探索如何利用技术力量提高学习效果时发挥了极大作用。

在2006—2007学年，我们仍按照传统方式授课，以讲课为主，运用大量直接教学法。作为合作的一部分，我们采用了相同的评估方法和实验手段，这样无论学生上谁的课都会获得类似的学习体验。我们定期开会，回顾最佳实践，并且思考如何将技术手段融入课堂。这些我们自发召开的会议，证明了我们合作得非常顺利，让我们深刻体会到什么叫“三个臭皮匠，赛过诸葛亮”。

伍德兰公园高中规模不大，我们在这里遇到了一个难题：大量学生因为参加其他学校的活动而缺课。伍德兰公园位于科泉市以北约32公里，通往公园的盘山公路蜿蜒曲折，到达最近的同等规模学校都需要45分钟，所以去其他学校参加活动非常耗时，学生们往往会错过最后一节课，其中就包括那些很难掌握、容易落下的科目，比如化学。

2007年春季，亚伦发现了一款计算机程序可以用来审阅已录制的PPT讲座，此外，还具有用数字“墨水”在屏幕上和音频文件上写字的功能，那时我们正准备尝试制作视频。伍德兰公园高中理科主任肯恩·泊伊尔同意拨付100美元采购两套该软件，正如大家所说：“接下来发生的事情已经众所周知了。”

我们用这个软件录制现场授课，这引起了伍德兰公园学区主管课程和教学的副主任的注意，她与我们进行了交流。她的女儿正在念大学，其中一位教授就喜欢把课堂录制成音频文件发给学生。她告诉我们她的女儿非常喜欢这种模式，因为这意味着“她再也不必去上课了”。后来，我们又接着就课堂互动作了探讨，提到了两个问题：如果学生不来上课就能获得所有的教学内容，那么课堂时间的价值是什么？学生究竟需要一位现实的、站在面前的老师做什么？

亚伦说："我们不在课堂上讲课，而是把所有课程都提前录制下来的话，学生就可以在课堂上做原来在家做的事情。"我们一拍即合，并在这次交流后果断放弃了直接教学方法。

在此期间，我们与很多老师在线交流经验。我们已经使用AP化学系统（BITNET上用来管理讨论邮件清单的程序）好多年，通过它与全世界很多AP化学老师建立联系并相互学习。随着翻转课堂概念的发展，这个群成了我们的共鸣板。尝试着把视频作为教学工具的老师不断涌现，逐渐形成了一个非正式的专业网站。翻转课堂不是凭空而降，它也不仅仅在伍德兰公园高中的313和314房间得到发展。虽然我们是翻转课堂的先驱者，但如果没有来自世界各地的广大老师的参与，这个概念的发展不会达到今天的规模。最终，通过与北科罗拉多大学的杰里·欧文麦尔合作，我们为对翻转课堂感兴趣的教育工作者创建了一个在线社区。这个社区，即翻转学习网站（flippedclassroom.org），近年来发展迅速，截至本书写作时，其会员已经超过2万人。

翻转课堂概念其实非常简单：学生来上课之前，根据个人情况通过视频或者其他学习课件接受直接教学，而在课堂上，老师将时间用于提高整体教学效果，或者提供学生所需要的个性化教学。简而言之，翻转课堂就是学生在课外完成直接教学，课堂时间策略性地用于集体或个性化活动。没过多久，我们惊喜地发现自己找到了一种方式，它可以彻底改变课堂，而这种改变是我们一直以来梦寐以求的。

我们在此提到的很多内容都记录在我们的第一本书《翻转课堂

与慕课教学：一场正在到来的教育变革》（伯格曼、萨姆斯）中。这本书的前半部分解释了什么是翻转课堂，后半部分则讲述了如何通达翻转课堂。在这种模式中，学生根据各自的目标（能力）以异步的方式学习，以掌握教学内容。

自从《翻转课堂与慕课教学：一场正在到来的教育变革》出版以来，我们与翻转课堂社区的众多教育工作者一起，继续不断改进翻转课堂流程。最初的翻转课堂概念改变了老师传授内容的方式，但它仅仅是关于如何高效传授内容的一种策略。一个翻转的课堂不一定是以学生为中心的课堂，翻转课堂中的学习仍然很大程度上是以老师为中心的。即使是在通达翻转模式下，按照学生自己的节奏学习，课堂也仍是以老师为中心。

本书将带领读者进入翻转课堂变革的下一个阶段——翻转学习，这种方式将产生诸多强有力的学习和教学策略，它们可以提高学生的参与度，并且引导学生更深入、更广泛地学习。

• 一项挑战和唯一的问题 •

约翰·塔格是佛蒙特州费尔法克斯市的数学老师，有着20多年丰富的教学经验。三年前，一个学生下课后向他寻求帮助。这个学生没有时间从头到尾解释原委，于是她有些懊恼地说："我找段YouTube视频给你看，你就明白了。"就在那时，约翰突然意识到，他必须有所创新来满足学生的需要。

约翰明白，他需要改变那种每天站在教室里给30个学生讲课的传统教学模式，于是他开始上推特网（Twitter）找答案，在上面与一些翻转课堂的积极倡导者建立了联系。从那以后，他开始在自己的AP微积分和九年级数学课上实践翻转学习，取得了显著的成效，他的学生在学习中变得更加主动。他与每个学生单独沟通和教学，真正实现了因材施教。每当约翰分享翻转课堂教学经验时，他总是说："没有人掉队，也没有人停滞不前。"

安布尔·米勒是明尼苏达州斯蒂尔沃特市莲花湖小学五年级的老师，这是她在该校执教的第二年。初执教鞭时，她情绪高涨、信心满满，但不久就灰心丧气了，尤其是对数学课失望至极。她要讲的问题太多，并且认为这个课程过分地强调了工作表的填写。在饱尝六个月挫折后，安布尔接触到了翻转学习。她所在的学区启动了一个基于翻转学习原则的专业发展项目，她举双手赞成并投入其中。在施行翻转学习以前，安布尔的学生对数学课感到恐惧，而现在他们追着安布尔要求学习更多。学生们不仅观看教学视频，还可以选择不同方式来证明他们对一个问题的理解和掌握，安布尔甚至还将翻转数学课堂的元素融入到读写课中。

这两位老师虽然在年龄和经验上有所不同，但他们得出了相同的结论——在教学上需要做出改变，更具体地说，是在课堂上做出改变。他们并不是孤军奋战，越来越多的老师在反思：我是不是要重新审视一下讲课的方式？有没有一种学习模式比"讲课—讨论"更好？有没有一种方法可以让学生更加积极主动？他们得出的答案都是肯定的。

约翰和安布尔都认为他们个人需要改变，需要把课堂转变为学习和答疑解惑的场所，翻转学习为他们提供了一个有助于实现这一目标的框架。

一项挑战

本书探讨的是一场变革：老师从根本上改变课堂和学校，从而满足每一个学生的需要，但这并不是一部学术著作，而更像是一本故事集，讲述了许多老师在实践翻转学习过程中做出的改变，我们也希望广大读者能够加入到这场变革中来。

翻转学习并不是一种自上而下的改变，而是“草根式”的基层运动。它一次改变一位老师，一次改变一个课堂，一次改变一所学校。老师需要充当教育变革代理人，我们希望广大读者可以成为这样的变革代理人，不是坐等有关部门或改革者告诉你如何去改变，而是以对学生最有利的方式去积极实践。我们希望老师不仅仅考虑翻转自己的课堂，而是更为深入地去翻转整个学习过程。

唯一的问题

既然如此，老师要如何发起这场变革，如何在各自的学校中成为变革代理人？我们认为所有老师都会提出这样一个基本问题。或许听起来有些夸张，但我们还是把这个问题称为“唯一的问题”，它将作为一条主线贯穿全书：如何最充分地利用与学生面对面的时间？

老师拥有的最宝贵资产就是每天与学生一起度过的分分秒秒，利用这些时间将教学效果最大化是老师必须做的事情。只是对着学生讲课并不是对课堂时间最充分的利用！学生什么时候最需要老师？是在他们遇到了一个难以理解的概念或者一道无法解答的难题时，但在传统教学里，这种情况往往发生在学生在家时，根本没有老师可以求助，而充分利用课堂时间包括学习活动和相关体验的极大丰富。

我们想要的答案是什么？如何才是对面对面课堂时间的充分利用？是问答式教学、讨论式教学、直接教学，还是指导式实践？如果你希望找出一个适合所有学生的答案，就恐怕要对本书失望了。在书中，我们提供了很多可能的答案，由不同的教育工作者分享了他们自己对“唯一的问题”的答案。我们相信这个问题的答案不止一个，而是多种多样的，因为每一个学生天资迥异，对于老师而言，学生是天赋、能力、爱好和兴趣的不同集合体。事实上，我们认为，翻转学习的最大力量或许正是能够为每一个孩子定制学习。

我们希望所有教育工作者都来思考这个唯一的问题，而且我们相信，对这个问题的现实回答将永远改变教育工作者教学和与学生互动的方式。

CHAPTER 1

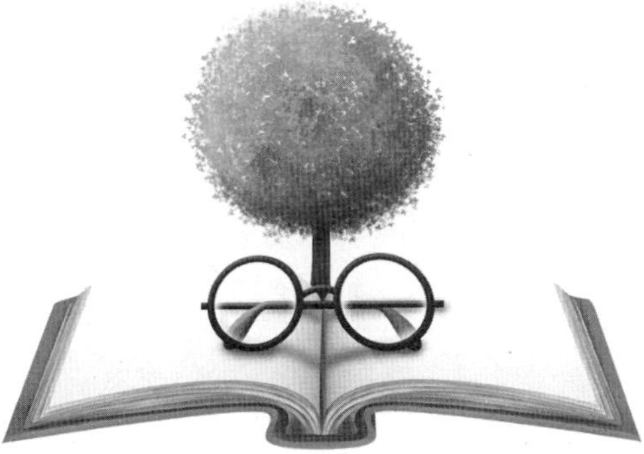

第一章

翻转学习极大促进教师的教与学生的学

翻转学习是一种教学方法，它把直接教学从集体学习空间转移到个人学习空间，从而把集体空间变成一种动态的、交互的学习环境，老师在学生运用概念和创造性地参与科目学习过程中给予指导，使学生可以在面对面的课堂时间获得更丰富、更有意义的学习体验。

• 什么是翻转学习 •

翻转课堂一般是指学生在家观看教学视频，然后在课堂上完成传统的家庭作业，如工作表、习题、章节练习等，我们将这个版本称为“翻转课堂”。这是一个切入点，但不是目标或终点。把直接教学从集体学习空间转移到个人学习空间是一个很好的开端，但并不是最终目标。

我们在《翻转课堂与慕课教学：一场正在到来的教育变革》（伯格曼、萨姆斯）一书中，记录了自己如何开始运用“翻转课堂”的概念实现翻转。那一年我们的主要精力放在制作高质量的教学视频上，然而，在实践中我们逐渐意识到可以利用翻转课堂中的元素使学生实现通达，所以在“翻转课堂”的基础上提出了“通达翻转模式”。即使这样，我们仍然没有到达终点，我们还要更进一步，最终实现翻转学习。

那么，究竟什么是翻转学习？我们比较赞成翻转学习网站引自拉姆齐·穆塞莱姆著作的表述：

翻转学习是一种教学方法，它把直接教学从集体学习空间转移到个人学习空间，从而把集体空间变成一种动态的、交互的学习环境，老师在学生运用概念和创造性地参与科目学习过程中给予指导。

翻转学习的基本前提是直接教学（通常指讲课，但不仅限于此）不再以集体为单位进行，而通常是通过老师制作的视频（不限于此）单独完成，这种时间上的调整使学生可以在面对面的课堂时间获得更丰富、更有意义的学习体验。

老师在课堂上不直接教学，还能做什么？回答这个问题之前不妨先尝试着回答“唯一的问题”：如何最充分地利用与学生面对面的时间？

翻转学习的核心是个性化学习。以学生为中心的学习有很多种方法、变体和类型，比如差异化教学、项目式学习、问答式学习等。如果与翻转学习概念相结合，这些策略就变得非常具有实践性。翻转学习从本质而言是以学习者为中心。

翻转学习不是一个固定的流程，它可以有多种多样的表现形式。而且，没有一种策略放之四海而皆准。翻转学习可以根据你的风格、方法和实际情况进行调整，每位老师都可以为学生定制专属的翻转学习版本。作为教育工作者，翻转学习还使老师能够发挥自己的特长。但是，所有成功的翻转学习环境都具备一些关键元素。

• 翻转学习环境的关键元素 •

通过与多位老师的交流，我们注意到成功的翻转学习都具备类似的一些关键元素。

合　作

凭借一己之力实现翻转学习非常困难。施行翻转学习时，我们几位老师的教室就在彼此隔壁。在设计各自的翻转学习模式时，我们经常探讨如何优化和检验教学实践，没有人可以独立完成这些。很多老师已经发现，绝大多数成功的翻转学习都是在一个团队中实现的。

英语老师安德鲁·托马森和谢丽尔·莫里斯是通过合作成功施行翻转学习的典型案例。安德鲁和谢丽尔分别在北卡罗来纳州和加利福尼亚州教书，他们在2012年的翻转课堂虚拟会议上结识，二人的教学理念一致，开始了合作。现在，尽管有三个时区之隔，他们依然可以共同制作教学视频。他们之所以能够成功，正是得益于很好地利用网络建立了紧密的联系，并通过推特和其他社交网站与更大规模的翻转学习团队建立了联系。

以学生为中心的学习模式

一直以来，课堂都是以老师为中心，教学就是老师站在讲台上给学生讲课，即使老师讲课非常精彩，也总是有学生不能融入其中。我们注意到，当老师走下讲台，从内容讲授者变成学习促进者时，课堂就会变成一个学习中心，而这个中心的焦点正是学生自己。

优化的学习空间

绝大多数课堂的设计都基于这样一个认识——老师和讲课内容应该是焦点所在，20年前，这意味着黑板和讲台是教室的焦点。随着科技的发展，黑板变成了白板，白板后来又被屏幕和投影仪取代，甚至很多学校还斥巨资引入了交互式白板。遗憾的是，这些变化丝毫没有改变以老师为中心的课堂状态。老师依然是课堂上的注意力中心，学生仍然是排排坐被动地接受讲课内容。

老师在施行翻转学习时发现，他们并不是一直面向所有学生讲课，于是很多老师会改变课堂的空间布局。有时这种改变无法实现，因为学校的有些设施是固定的。有些老师可能与那些不希望对教室空间作出改变的老师共用一个教室。然而，那些能够灵活改变教室布局的老师都取得了一些创造性的成果。

正如翻转一个课堂有多种方式，学习空间的布局也可以多样化，但有一些基本原则需要注意：

创造合作空间。翻转学习从本质上来说是一种合作性实践，我们希望施行翻转学习的老师把教室布置得有利于合作。

创造个人空间。不是所有工作都要集体完成，教室里应该有一些空间允许学生自己学习并且尽量不受干扰，这种既利于合作又允许独立的需求往往很难同时满足，一个可行的方法是为学生准备一些屏蔽噪音的耳机。

突出学生是课堂的中心。当课堂的中心变为学生时，教室的布局应该不再以老师为焦点。我们了解到有些老师甚至不再使用讲台，以便在教室里自由走动，与学生互动。

强调学习，而不是教学。重新对教室进行布局应该强调这个空间不是为教学而是为学习而设计的。学校通常认为授课应该是最重要的，教室也应该依此布置，但我们认为学习应该是学校的重中之重，而学习空间的布局也应体现这一点。

充足的实践时间

实践任何新的教学策略都需要大量时间，翻转学习也不例外。实践过程可能会出现很大波动，因为老师不仅要重新思考上课的方式，还要学习新技术和实践新流程。2010年，我们有幸帮助南达科他州苏福尔斯市学区落实通达体系，他们计划在教学实践中运用通达翻转模式。该学区申请并获得了一个专项基金的资助。项目主管意识到，施行这一模式的限制因素是时间，因此，他们用专项基金的拨款向老师支付更多的酬劳，因为老师为了施行翻转学习，需要加班制作必要的教学课件，这种激励方式获得了很好的效果。真正实施翻转学习方法论的确需要老师付出更多的时间，因此我们希望学校和学区考虑向老师做出相应的补偿。

相关领导的支持

翻转一个课堂或仅仅翻转一堂课都是与原来完全不同的教学方法，相关领导需要给予老师支持，让他们引领创新和改革。不论是学校领导还是学区领导，如果他们能够为学生着想而支持翻转课堂概念，乐于接受改变，并提供专业指导和资源，那么这场教学变革将取得出人意料的显著成果。

IT部门的支持

每个学校和学区都要注意的一个问题是：教学视频应存放在哪里？我们发现没有人能给出确切的答案，不同学校存放这些视频的位置也不同。但是，为了确保学生可以有效获取这些视频，IT部门必须为翻转学习提供支持，最好能够为老师设计一个简单的工作流程，使他们能够更轻松地制作、发布、分享视频和其他学习课件。

定期回顾与反思

真正有效运用了翻转学习模式的老师，都会不断回顾和反思自己的教学实践，不断寻找改进方法。他们认识到，翻转一个课堂不是只有一种方式，必须不断改进实践以满足学习者的需要。这些老师会评估课堂的方方面面，检验它们是否有助于达到学习目标，这个后设认知过程最终会使所有学生受益。

曾经有位老师在参加完翻转课堂大会后，回到学校实践我们提出的翻转课堂模式，结果遭遇了失败。他反思原因，最后得出的结论是，他需要根据学生的情况定制自己的翻转策略，而不是照搬我们的模式，之后，他做出了改变，并取得了极大的成功。

• 条条大路都可通向翻转学习 •

我们结识了全世界很多了不起的教育工作者，和我们一样，他们也因为翻转课堂走向了更高水平。在前一两年的教学中他们运用翻转课堂，后来逐渐发现这仅仅是实现翻转学习的一个途径。并不是所有老师都像我们一样，从翻转课堂循序过渡到通达翻转模式，他们很多是直接进入翻转学习的。我们希望广大读者能够从翻转课堂开始，逐渐深入。本书的第三章和第四章对相关的学习策略进行了探讨。

举个例子，贾斯蒂娜·卡利诺斯卡是伊利诺斯州肯纳尔沃思堡市约瑟夫·西尔斯学校七年级的数学老师，她第一年施行翻转课堂时主要是制作教学视频。在那一年春季，她有幸参加了在费城召开的全美数学教师协会大会。在那里，贾斯蒂娜聆听了关于“如何使学生更好地融入数学教学”的报告，她意识到，数学教学的核心不是熟记如何完成数学计算，而是教会学生具备数学思考能力。基于这一点，她回到学校后开始实践更深入的学习策略。贾斯蒂娜进步很快，她在一年之内就完成了从“翻转课堂”教学模式向更深入模式的过渡，本书后几章将介绍几位老师的类似实践经验。

• 这是变革而不是革命 •

有的教育工作者或许会问：这本书为什么不是探讨自上而下的教育革命？回答这个问题可能需要理解革命和变革的差异。最近在一个非常受欢迎的广播节目中，主持人就这个话题采访了一位嘉宾。这位嘉宾针对革命的本质提出了一些比较深刻的观点：

- 革命是由外向内的变化。
- 革命目标是政府首脑。
- 革命通常会导致一个组织或国家领袖的更替。
- 革命会带来自上而下的变化。
- 革命往往是一个暴君取代另一个暴君，基本上不会改善民众的处境。

然后，这位嘉宾对比了革命和变革，对变革给出了一个定义：

- 变革是由内向外的变化。
- 变革具有感染性，一次改变一个人。
- 变革是一种乘法，改变者会与其他人分享经验，从而使更多人成为变革代理人。
- 变革是自下而上的。

最后，这位嘉宾强调，变革是比革命更高级的一种模式。这并不是否定所有革命，而是说变革是一种更有效、更持久的改变模式。

在我们的经历中，很多教育方面的改变都是自上而下的革命，老师往往都被阻挡在学校应如何改变的探讨之外。毫无疑问，这些革命对每个课堂的改变微乎其微。尽管这些项目提供了基于充分调研的教学方法，但由于很少被老师接受，最终还是昙花一现，没有将学校变得更好。我们不得不承认，在我们的职业生涯中见过很多这种昙花一现的变化，我们的反应和很多同事一样：我们只是忽略这些命令，关上门，继续在课堂上做我们认为对学生最有利的事情。我们一般只是嘴上欢迎，填好上级要求的各种表格，然后高兴地回到教室继续上课。

我们相信，翻转学习具有一种持久力，因为它是一种变革。随着越来越多的教育工作者采用这种模式，它将遍及全世界。

翻转学习是一种草根式的运动，而不是自上而下的改变。这种草根性质与处在战斗一线的老师产生了共鸣。以往，老师也总是被动地接受与他们的日常实践毫无关系的职业培训，而翻转学习是老师自己选择的一种职业培训。

回想2007年我们首次尝试翻转课堂模式时的情景——我们只是两位老师，只希望探索对学生最有利的方式，这个概念不是来自任何书本或文章。

一路走来，我们与别人分享成功和失败。当其他教育工作者对这个模式感兴趣时，我们才开始举办研讨会并把它传授给别人。

更多老师开始翻转他们的课堂，然后再传授给其他老师。现在我们的团队有越来越多的翻转者，他们不断迸发灵感。我们从来不自我封闭，而是互相帮助优化彼此的实践。

我们看到翻转学习模式在不断发展，因为越来越多的教育工作者加入其中！

CHAPTER 2

第二章

有关翻转课堂的误解

如果翻转课堂只是用视频代替讲课，而其他保持不变，那么我们也赞同批评者的看法。但是，大多数老师并没有停留在翻转课堂阶段，而是过渡到我们的好朋友及同行特洛伊·寇克兰称为的“第二阶段”。和所有老师一样，他们回顾反思教学实践，保留有效的做法，改进不足的地方，从翻转课堂过渡到更佳模式：翻转学习。

过去几年，许多教育工作者发表了一些对翻转课堂的批评。如果只是考虑翻转课堂，那么这些批评和其中的担忧很多的确是合理的，但是，随着老师从翻转课堂过渡到翻转学习模式，他们的教学实践也从以老师为中心转变为以学生为中心，这些担忧就不再具有实际意义。尽管如此，我们还是希望澄清一些理解误区，解释翻转学习如何消弥有关翻转课堂的担忧。

• 翻转课堂就是观看视频 •

媒体对翻转课堂的很多报道都是围绕视频问题，如视频能给学生带来什么，不能给学生带来什么。很多网站备受关注，比如可汗学院网站，因为他们通过视频提供了一些内容，这些内容原来只存在于教科书上或者老师的头脑中。虽然我们认为视频很重要，但它并不是翻转学习的最关键元素。翻转学习环境的最重要元素是对课堂时间的重新利用，因为直接教学不再面向集体，不必占用每个人的课堂时间，而是在每个学生有所准备后分别进行。

虽然视频是翻转学习的一个重要方面，但不是最重要的，视频应视为进入更深入翻转学习模式的敲门砖。

• 相关的技术问题不能轻易解决 •

对翻转课堂一个最常见的误解是：那些技术手段受限的学生无法参与翻转课堂，因此不应该施行。当2007年我们开始翻转课堂时，大约25%的学生在家中无法上网，我们不得不通过其他手段让这些学生获取视频内容，我们想方设法帮助这些技术手段受限的学生。

有些学生家里有电脑，但是没有接入网络，我们让这些学生准备U盘，把视频下载到U盘中。对于那些既没有电脑也不能上网的学生，我们将视频刻录到DVD中分发下去，这样他们就可以使用家中的DVD播放机观看视频。我们发现所有学生至少可以在家中使用这一技术手段。如果这一技术条件也不具备，我们会为这些学生购买一些DVD播放机。

尽管认识到这是一个重要问题，但我们相信通过发挥一定的创造力，这个问题就会迎刃而解。当然，尽管上述方法解决了我们的问题，但还是要具体问题具体分析。可喜的是，2007年以来，技术发展迅猛，越来越多的学生拥有了个人电子设备，比如iPod或手机，这使学生能够在课余时间获取视频内容。

乔纳森最近在与伊利诺斯州哈瓦那市哈瓦那高中合作。哈瓦那高中决定在全校推广翻转课堂，这所学校50%的学生都是免费入学而且享受优惠午餐。根据这一情况，校方推测许多学生可能不具备必要的技术条件，不能在家中观看视频内容。筹备期间，马克·图米校长采购了几台DVD播放机，需要的学生可以带回家里使用，但截至今天也没有学生来借这些DVD播放机，图米发现学生自己拥有足够的技术条件来获取视频内容。这个例子虽然是个例，但它的确反映出弥合各种数字鸿沟或许并没有想象中那么困难。

这些方法解决了翻转课堂模式如何获取视频的问题，但翻转学习模式如何解决这个问题？在翻转课堂环境中，所有学生都是在上课的前一天晚上获取教学内容。如果要求学生在课外完成一些内容，老师必须提供访问路径。但如果不是所有学生都希望在课前观看内容，而是希望在自己方便的时候观看，这种情况怎么办？在翻转学习环境中，学生可以在任何他们认为合适的时间获取教学内容，可能是课上、课下，或者二者皆可。但无论怎样，学生不需要一定在家里获取教学内容，这样问题就基本解决了。内容获取成为一个课堂考虑的问题，而不再是某个学生担心的问题。

• 翻转课堂只是用视频代替讲课 •

许多批评者认为，翻转课堂是一种糟糕的教学法，只是把讲课变成视频，然而这样的教学法却被大加推广。如果翻转课堂只是用视频代替讲课，而其他保持不变，那么我们也赞同批评者的看法。但是，大多数老师并没有停留在翻转课堂阶段，而是过渡到我们的好朋友及同行特洛伊·寇克兰称为的“第二阶段”。和所有老师一样，他们回顾反思教学实践，保留有效的做法，改进不足的地方，从翻转课堂过渡到更佳模式：翻转学习。

很多批评者本身也是优秀教师，他们或许忘记了自己也经历过改变，而改变需要时间。我们不能让一个讲了20年课的老师从第二天起必须用投影教学，一位老师不可能一夜之间完成这么大的改变。做出改变的老师需要一个目标、一个路线图来指导他们，要给予他们时间来完成。改变是一个过程，每个人完成改变所需要的时间也不同。改变的关键是把老师从原有的模式中解放出来。经常有人问我们：“实行翻转课堂的最大障碍是什么？”我们的回答是：“翻转老师的思维。”改变对于任何人都不是轻而易举的，但我们注意到翻转课堂是很多老师做出改变的一个很好的切入点，这些老师最后都过渡到翻转学习阶段，并且收获颇丰。我们鼓励老师从翻转课堂开始，因为这是一个对大多数老师来说既切实可行又熟悉的策略，但我们也希望你们不要停留在翻转课堂阶段，而是过渡到翻转学习阶段。

• 翻转课堂带来不必要的家庭作业 •

事实正好相反，学生和老师都向我们提到，学生观看老师布置的视频所用的时间比完成传统家庭作业的时间少。史黛丝·罗斯汉是马里兰州波托马克市布里斯高中的数学老师，她说自从她翻转AP微积分课以来，她的学生不那么焦虑了，做家庭作业需要的时间也变少了，但AP微积分课的成绩却比以往任何时候都好。

翻转学习对有关家庭作业的探讨产生了积极意义。当学生知道观看视频需要的确切时间时，他们就能更好地预计家庭作业量。通常在传统模式中，学生回到家会感到无所适从，因为他们没理解课堂上的内容。而在翻转课堂，学生通过观看视频奠定了一个学习基础，当他们来上课时，就能够更深入地学习。

家长也表示他们能够帮助孩子完成家庭作业。很多家长说这些视频很赞，他们可以和孩子一起学习。以前，有些好心的家长总是尽量帮助孩子，结果时常感到尴尬，因为他们没办法帮助孩子，或者担心他们讲的和孩子在学校学的不一样。通过翻转课堂方法，家长可以观看、学习视频，然后帮助孩子；或者，如果某个科目不是家长所擅长的，他们可以鼓励孩子观看视频，这还仅仅是翻转课堂的作用。如果老师过渡到翻转学习模式，效果会更加显著。

CHAPTER 3

第三章

翻转学习的三个基本要素：课程内容、好奇心和师生关系

好的教学本质上是一种人与人之间的互动，在互动中学生的兴趣和热情得到激发。学生意识到他们希望向老师学习更多，而不仅仅是内容，他们需要富有激情、善于关怀的专业人士帮助他们追求卓越。

乔纳森与夸梅·M. 布朗在推特网上展开了对话，探讨如何定义好的教学。乔纳森认为，好的教学就是老师和学生之间建立密切的关系。布朗不完全认同："我们应该承认教育是课程内容、好奇心和师生关系的交集。"这个观点有利于理解翻转学习的本质。好的教学需要建立良好的关系，但好奇心和内容也是教育不可或缺的基本要素。我们担心目前的教育体系过分强调了内容，而忽视了学习中更现实的一些方面。标准化的测试和课程没有为师生关系和好奇心留下太多空间，现实的教育状况正如下方饼图（见图3.1）所示。

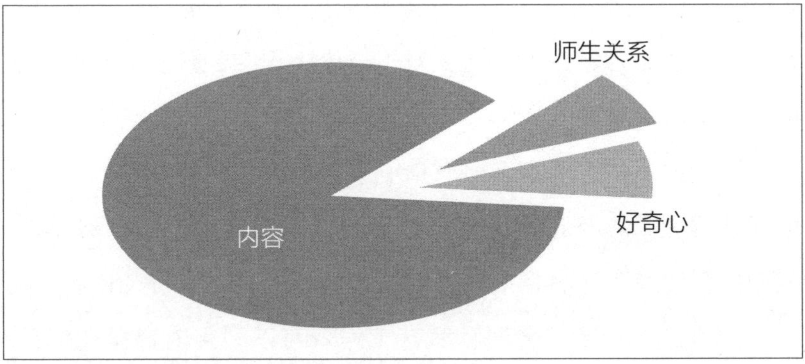

图3.1　当今教育的实际状况

但理想的教育状况应该如图3.2所示。

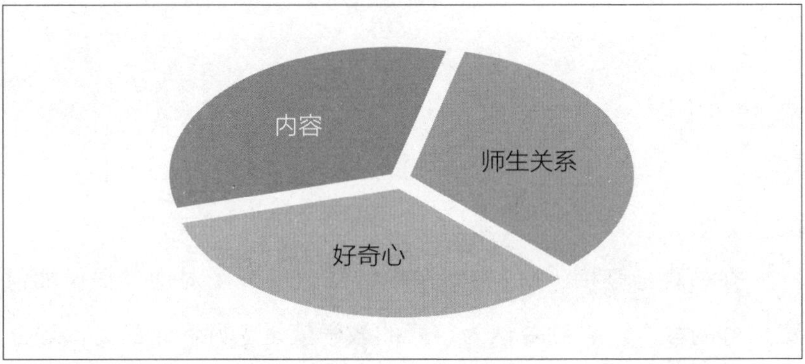

图3.2　当今教育的理想状况

下面我们依次分析教育中的内容、好奇心和师生关系。

• 精心编辑的课程内容 •

内容是学习的核心，我们绝对没有低估它的重要性，我们发现学生总是“不知道自己不知道什么”。某些方面的知识和技巧是所有学生必须掌握的，比如对于一个不识字的孩子，我们无法衡量他学习的深度。

我们并不是说要取消所有精心准备的课程，但我们的确认为很多课程要么过于宏观，要么过于具体，或者过于缺少灵活性。我们希望教育工作者精心设计那些希望所有学生掌握的内容，而且在做出这些重要选择时，教育工作者可以利用内容抛砖引玉，让学生了解学习的过程，并激发学生对知识的渴望。

• 好奇心驱动 •

年少的学生走进校园时具有对世界与生俱来的好奇心，他们在学习时会提出各种各样的问题，这种好奇心是学习的一个基本元素。但是我们认为，当今的学校环境可能已不再有机会让学生根据自己的兴趣学习，老师有太多内容要讲授，因此不愿意让学生自己去选择学什么或如何学。

我们现在所讲授的内容是很多年前就被一些成人确定下来的。这些成人作为教育相关委员会成员，决定什么重要，什么不重要。如果一个内容被写入教科书、课程大纲和标准，那么老师就会讲这个内容，没有就不讲，而且表明这个内容不重要。

我们都曾是那些制定内容标准的成年人。乔纳森曾是科罗拉多州监管委员会成员，他在2009年重新编写了州教学标准，亚伦在这一时期是科罗拉多州科学标准委员会主席。制定内容标准时，我们会召集所有领域的专家，就内容的重要性向他们征求意见，从而使我们制定的标准能够与时俱进。这种方式的一个主要问题是，所有专家都认为自己的研究领域是最重要的，必须涵盖在标准之中，因此往往导致课程内容过于庞杂，根本不可能在一个学年完成。然而，尽管在很多教育环境下我们有大量非常具体的内容标准，但所讲授的内容相对于对整个世界的认知而言都只是冰山一角，下方饼图（见图3.3）可以形象地表现这一点。

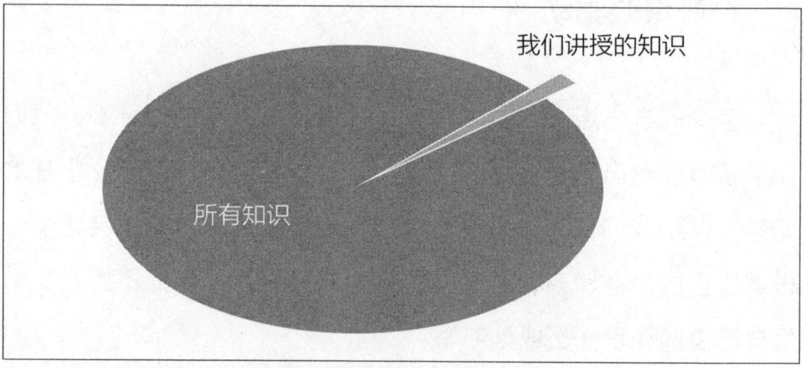

图3.3　我们讲授的知识与所有知识的对比

人类知识总量庞大，而具体的教育标准涵盖的知识量少，课堂时间又非常有限。鉴于这些情况，老师会怎么做？老师只能根据传统的学习领域或州教学标准来安排，但无论怎样，学生都没有参与决断他们要学什么和怎么学的问题。满足好奇心就是让学生自己选择学什么和怎么学，让学生自己选择感兴趣的内容和课题。我们应该注意，给予学生绝对的学习自主权和控制权或许并不是最好的选择，然而，分出一部分学习时间让学生去探索自己的兴趣是非常重要的。

由于翻转学习模式节省了一些课堂时间，一些老师已经利用它们实践了“天才时间”或“20%创新时间”，这些旨在提高创造力的概念最早兴起于商业领域，在丹尼尔·平克的《驱动力》一书中有所阐述。比如谷歌允许工程师将20%的工作时间用于他们自己的项目，还有一些公司推行了“联邦快递日”，便于员工在这一天里从事他们日常工作之外的项目，然后在24小时内交付一些成果。应用在教育上，就是老师把10%～20%的课堂时间交给学生，让他们从事自己喜欢的项目和研究，然后以不同方式展示自己的学习成果。这种做法的关键就是让学生可以逐渐选择自己的学习内容，无论采用何种方式让学生自主选择，作为老师，我们必须创造一种氛围鼓励学生做出选择。

• 师生关系的影响力 •

当我们回想自己的学生时代时，给我们留下深刻印象的老师都是那些关心过我们的老师。乔纳森最后成为高中化学老师并不奇怪，因为他的高中化学老师伊迪·安德森当时注意到了他这个无所适从的怪小孩，并对他进行了单独辅导，帮助他建立了对化学的兴趣。乔纳森于是将这份热情变成了25年的教学生涯，甚至在这一过程中也单独辅导了3000多个学生，包括那些无所适从的怪小孩。伊迪·安德森从来没有翻转她的课堂，但她对乔纳森人生的影响感动了很多人。亚伦在大学也有过类似的经历，当时他得到了大卫·约翰逊教授的悉心指导。

显然，安德森女士和约翰逊教授分别对乔纳森和亚伦产生了持久的影响，为什么师生关系对教育过程如此重要？一个学生在房间里通过电脑在维基百科上学习的微积分内容可能与另一个学生在课堂上向老师学习的内容一样多。虽然知识可能是一样的，但这些学生却没有享受到同样的教育经历。好的教学本质上是一种人与人之间的互动，在互动中学生的兴趣和热情得到激发。学生意识到他们希望向老师学习更多，而不仅仅是内容，他们需要富有激情、善于关怀的专业人士帮助他们追求卓越。

一个学生无论是向教室里的老师学习，向视频中的老师学习，还是向一本书的作者学习，这个学生总归是向一个人学习。虽然这些场景类似，却不尽相同，两个人面对面的互动比一个人与一个视频或一本书的互动更加全面和深入。面对面的互动能够建立一种关系，而这种关系是网络、印刷品或孤立的环境无法替代的。因此，我们鼓励老师与学生建立密切的关系，利用课堂时间通过面对面互动丰富学习内容。

正如领导力专家约翰·麦斯威尔指出的："人们在知道你有多在意一件事之前并不关心你对这件事知道多少。"因此，好的教学只是建立密切关系吗？不是，但它却是学习的一个基本要素。

所有这些与翻转学习有什么关系？

老师的教学应该处于同时强调内容、好奇心和师生关系的环境中，这个环境使老师能够比以往更深入地带领学生学习。此外，老师应该从翻转课堂模式过渡到翻转学习模式。下一章节中我们将更深入地探讨内容、好奇心和师生关系。

CHAPTER 4

第四章

翻转学习是三个要素到达交汇点的结果

研究不断表明，翻转学习有助于理解人们是如何学习的，前述三个元素可以帮助我们构建一个框架，用于探讨翻转学习能够怎样极大促进教师和学生的教与学。

我们对每个元素的作用定义如下：

- 课程内容促使学习**更深入**
- 好奇心驱使学习**更广泛**
- 师生关系帮助教师与学生建立**密切联系**

• 精心编辑的课程内容：促使学习更深入 •

布鲁姆教学目标分类法是经常用于探讨教与学问题的一个框架，虽然它不是理解人们学习方式的唯一途径，但它提供了一个探讨人们学习过程的有效框架。

我们可以自下而上地了解布鲁姆教学目标分类法，金字塔底层为学习打下基础，然后沿着金字塔向上逐步发展学生的更高思维技能（见图4.1）。布鲁姆教学目标分类法的金字塔结构表明，课堂时间应该据此分配，即处于金字塔下方的技能应该占用最多的课堂时间，而越向上的技能占用的时间越少。实际上，这也是传统课堂的真实情况：老师将大量时间用于学生记忆和理解，而很少花时间培养应用能力。老师可能也希望逐步达到更高思维技能，却很少将时间用于分析、评估或创造。

我们认为，对于布鲁姆教学目标分类法中最下两层（记忆和理解）的内容，老师制作的视频是最佳传授工具。然后，老师可以把宝贵的课堂时间用于布鲁姆教学目标分类法中较高层次的学生活动，这将使学习变得更为深入。

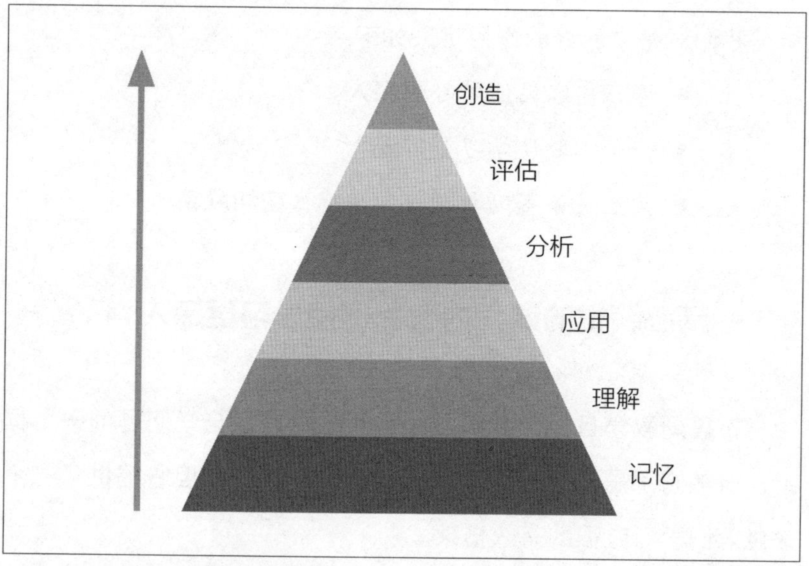

图4.1　布鲁姆教学目标分类法

我们所说的促使翻转课堂更深入是什么意思？当老师进一步运用翻转学习模式时，他们引导学生深入研究一个既定课题，使学生对内容的理解更综合、更彻底。在较为传统的教学模式中，要实现这一目标需要在布鲁姆教学目标分类法中自下而上地构建认知框架，并且用大量时间掌握内容。学生学习一门既定课程，往往是由共同目标、州教学标准或老师的专业判断决定的，然后学生必须在总结性评估中证明他们对内容的掌握。翻转学习模式的创新之处在于内容的传授方式。老师可以通过视频开展异步教学，继而运用翻转学习使学生更深入地学习。

通过翻转学习，学生不仅学习既定课程，而且能够证明他们对课题的全面掌握，并且将新知识运用于具体情况，制定学习目标以证明他们学习的深度。

• 好奇心：驱使学习更广泛 •

在探讨了翻转学习如何促使对内容知识的学习更深入后，我们来探讨一下翻转学习如何培养好奇心，从而将老师和学生带入更广泛的教学体验中。

更广泛的学习和更深入的学习有何差异？如果说更深入是更全面、更彻底地理解内容，那么更广泛则是更丰富地了解内容。对内容的通达并不是在学习初始环节实现的，而是在有意义的学习环境中实现的。老师可以运用翻转学习培养学生的好奇心，从既定内容延伸开去，在教学之前给学生机会体验凌乱的学习过程——所有这些都会促使学习更广泛。促使学习更广泛通常包括项目式学习和问答式学习，允许学生发挥兴趣和创造力。但在这些课堂实践中为什么需要融入翻转学习模式？老师不借助翻转学习元素可以运用项目式学习或问答式学习吗？当然可以。

但是，很多老师认为翻转学习是一座桥梁，一端是传统教学方法，过分依赖内容，另一端是更强调学生参与度的学习方法，主要关注思考和学习行为。在不牺牲教学质量或内容价值的前提下，老师找到了一种方法，将由内容驱动的、以老师为中心的课堂变成了以学生为中心的课堂。内容很重要，但它不一定是教学的驱动力。老师在完成从翻转学习到项目式学习或问答式学习过程中正在逐渐采用这种方法，并在学生需要时给予指导。我们注意到这种过渡需要时间，许多老师经历的过程如下：

第一年：根据需要制作一系列视频内容。

第二年：让学生根据自己的节奏学习课程，在课程学习过程中逐渐掌握内容。

第三年：让学生参与老师制定的项目，并适时给予内容指导。

第四年：让学生自己提出问题和制定项目，并适时给予内容指导。

有些老师尝试在问答式学习中加入视频部分。有些在问答式学习的开始就运用视频，鼓励学生提出问题，然后找出可能的答案。有些在问答式学习的中途运用视频，这时学生已经形成一些概念，视频可以加强学习的效果或者纠正错误的理解。问答式学习不是没有直接教学，只不过不是由直接教学来驱动。

在前面关于更深入学习的章节中，我们探讨了将布鲁姆教学目标分类法作为框架，可以理解翻转学习如何在自下而上的学习过程中发挥作用。我们发现，在布鲁姆教学目标分类法中，减少较低层次活动的课堂时间，就可以更多地开展较高层次的学习活动。既然要探讨更广泛学习，我们不妨自上而下地看布鲁姆教学目标分类法。我们要再次利用这个框架，不过这次要把这个金字塔反过来看（见图4.2）。

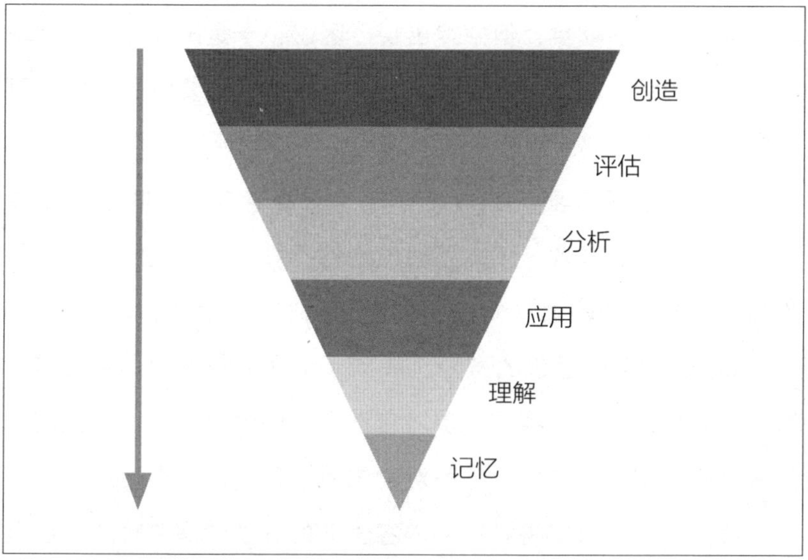

图4.2　倒置的布鲁姆教学目标分类法

近来，布鲁姆教学目标分类法产生了多种变体，倒置的金字塔就是其中之一，沿着这种金字塔自上而下地开展学习活动正是项目式学习和问答式学习获取内容的方式。学生将主要的课堂时间用于创造和评估，遇到障碍时，他们可以开展金字塔较低层次的活动，获取所需要的信息，然后再回到顶部继续他们的项目。

例如，亚伦的一个学生想设计一个装置，利用这个装置在夜间通过太阳能给手机充电。这个学生启动了自己设计的项目，并且能够利用太阳能将水分解成氢气和氧气。这时，她产生了一个困惑：为什么每次得到的氢气都是氧气的二倍？亚伦觉得需要帮助这个学生理解平衡化学反应方程式的概念，并指导她观看了两个相关的短视频。一开始，这个学生在布鲁姆教学目标分类法的较高层次上开展项目，但中途出现了困惑，于是她进行了金字塔较低层次的活动以便能继续项目。一旦掌握了必要信息，她就可以返回金字塔顶部，继续在她的项目中创造和评估。

另一个例子是亚伦的故事。亚伦想看看自己的吹雪机出了什么问题，然后修理一下，但他发现他不具备完成这一任务所需的知识。那么他是怎样做的？他做了每个人都可能做的事：在YouTube上搜索吹雪机的型号，找到了讲述如何诊断和修理这款吹雪机的视频。这是我们很多人自然而然的学习方式，但我们却认为那种指定内容的学习体系对学生更有效。翻转学习提供了一个可行的方法，可以将学生从内容驱动的教学禁锢中解放到项目式学习和问答式学习的自由空间，而又不会抛弃必要的直接教学的价值。那么，这种模式如何使学生学得更广泛？在这种模式中，项目式学习和问答式学习把直接教学作为一种补充，这种学习更加自然，更加看重学生的热情和兴趣，而又不否定内容知识的价值。此外，这种模式不要求在开始创造或评估过程前就掌握内容，而是在学习过程中根据需要随时获取内容。

• 师生关系：与学生建立密切联系 •

翻转学习既不是一种教学法，也不是一种教学理念。翻转学习是一种技巧，在恰当时加以运用，从而最大限度地利用与学生面对面的时间。学生永远是第一位的。内容非常重要，我们希望老师运用翻转学习使学生更深入地钻研那些必须学习的知识。我们希望学生在各个科目上打下坚实的基础，从而构建更丰富的知识体系。好奇心也非常重要，我们鼓励老师允许学生开发自己的兴趣、开展项目并提出问题。所有学生都应该有丰富的学习体验，从学习中找到一种关联性，并在学习过程中掌握选择权和自主权。但我们相信，师生关系同样重要，也是学习中不可或缺的元素。人与人之间的密切关系使学习变得更有益和更具社交性，而不仅仅是为学习而学习。

这也是为什么老师如此重要的原因！当老师进入翻转学习环境时，他们能够用更多时间与学生一对一交流，建立密切的关系，而这种关系将对学生的一生产生持久的影响。近期，我们受邀与一些政策制定者探讨翻转课堂。在会面后，一位立法者问我们翻转课堂模式是否可以允许学校扩大班级规模。他认为，由于视频已经很大程度上替代了基本教学，使得对一个班级的教学变得更加容易，因此督导专业老师的需求就变少了。坦白而言，这种想法吓到了我们，我们坚决地回答："不可以！"翻转课堂或翻转学习的一个主要任务是在师生间建立最密切的关系，扩大班级规模必将减少老师与每个学生互动的时间。

• 视频中的师生关系为何重要 •

我们经常被问到的一个问题是，是否可以使用别人制作的视频？我们开始准备教学视频时，的确是自己制作的。我们只能这样做，因为当时网络上几乎没有免费的化学教学视频，那是2007年。现在，网络上有大量优秀老师制作的视频，而且都是免费的，那为什么老师还要自己制作视频呢？我们在探讨这个问题时，通常会对比创造和管理，而且把二者视为连续统一体（见图4.3）。

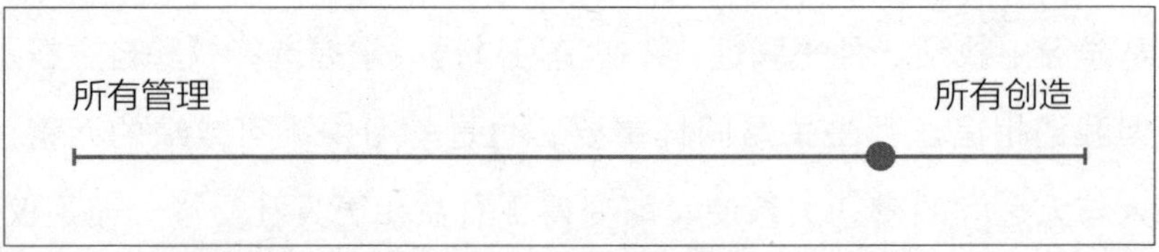

图4.3　创造与管理的连续统一体及“甜蜜点”

很多学生告诉我们，他们更喜欢自己老师制作的内容，老师对此也有同感。在翻转课堂的早期阶段，得克萨斯州的化学老师布雷特·维利开始时使用我们的视频翻转他的课堂，后来他开始自己制作视频。他告诉我们：“乔纳森、亚伦，你们的视频比我做的好，但我的学生更喜欢我做的视频，因为我是他们的老师。”他的经历也和我们后来听说的一些故事类似。我们认为最有效的点就是上图所示的甜蜜点。最近一个同事告诉我们，老师制作视频就是在与学生建立一种社交关系：老师用心制作视频，作为交换，学生也更努力地学习内容。

师生关系的确非常重要，学生不是与内容建立关系，而是与人建立关系。如果一个学生的老师喜爱莎士比亚，那么这个学生就很有可能也喜爱莎士比亚。与学生建立密切关系是好的教学的核心。

• 将三个要素相结合 •

当老师从翻转课堂过渡到翻转学习后，他们发现把重点放在更深入的学习和更广泛的学习上会极大改变课堂的状况。老师可以引导学生学得更深入，或者学得更广泛，而这两者都离不开师生建立密切关系的环境。读者在后面章节中可以看到一些老师亲自讲述从翻转课堂过渡到更高阶段的成功案例。有些老师主要分享他们关于更深入学习的经验，有些主要分享关于更广泛学习的经验，还有些更多关注师生关系方面，但这些老师分享的一个共同主题是他们到达了内容、好奇心和师生关系的交汇点，而这正是从翻转课堂过渡到翻转学习的结果。

CHAPTER 5

第五章

翻转学习提升课堂时间价值

——高中数学老师克丽斯特尔·基尔希的翻转故事

克丽丝特尔·基尔希是加利福尼亚州圣安娜市西格斯托姆高中的数学老师，她的博客非常受欢迎，并以此与整个翻转学习圈建立了联系。在博客中，克丽丝特尔详细描述了她在一所物质条件有限的学校里教学的点点滴滴，分享了她的奋斗经历和取得的成功。她最广为人知的成果是开发了一个工具——“WSQ”，即观看（Watch）—总结（Summarize）—提问（Question），学生可以利用这个工具学习视频中的内容并与视频交互。这个方法成为翻转学习文化的重要部分，全世界的教育工作者都在纷纷采用，或者按照各自的需求以此为基础做改进。

想象这样一个场景：40个学生，一位老师，一场精心安排的学习活动，但并没有达到预期效果。学生回到家中，在遇到家庭作业中的问题时感到困惑、泄气、绝望。一些学生理解了知识点，但大多数学生没有完全理解。学生希望返回课堂时已经掌握了前一天学习的内容，然后可以继续新课。

这种场景充斥着我的教学生涯。所有矛盾都在2011年秋季的一天激化了。我感到恼怒，想道：我厌倦了这种“做一天和尚撞一天钟”的生活。我厌倦了逼迫所有学生“按部就班”地学习。我厌倦了为了完成教学任务“走马观花”似的讲课，而我的学生可能没有理解所学内容的深层含义，或者没有明白所学内容与他们所处的世界的关系。我厌倦了让学生盯着我，有的全神贯注，有的早已心猿意马。我厌倦了“只管教好中等生”，没有帮助想取得更好成绩的学生，更没有顾及那些游走在边缘的学生。我厌倦了被动的学生，他们等着我一勺一勺地喂，却在测验时全都吐还给我。我厌倦了这一切。

我希望看到学生在学习中扮演一个积极的角色，这样我才能看到他们的热情和活力，但我不知道怎样才能实现。

那天晚上我坐下来制作了一个视频，在短短的五分钟里，我向学生解释了当天课堂上没有描述清楚的概念，然后我把视频上传到SchoolTube上，并在课程网站Edmodo上分享了链接地址，我希望这个视频可以缓解学生做家庭作业时的压力和挫败感。

当时我并不知道这个小小的举动已经奏响了一场巨大变革的前奏，不仅对于我的课堂，而且对我整个教学理念和心态都是如此。这个举动又让我思考了更大的问题：既然课堂时间是我与学生在一起的唯一时间，我为什么要把这些时间用在讲授内容上？我为什么要把大多数时间用在记忆和理解这些非常基本的技能上，而不是用在应用、分析、评估和创造上？我的头脑中刮起了一场风暴。

我尝试着制作另外一个视频，但这次的意图更明确：学生回到家，观看一个课程视频，视频介绍的是第二天课堂上将要讲解的内容。学生对这个视频的反馈非常积极，于是我继续研究视频作为教学工具的运用，发现其实已经有很多老师在尝试这种方式。我进行了多种尝试，从错误中总结经验，与很多学生探讨并获得反馈，并在日常教学中大量实践，最后成功翻转了自己的课堂。但我并没有止步于此，我继续优化教学实践，让课堂激发和鼓励更深入的学习、更高层次的思维活动和更主动的学习者，我已经完成了从翻转课堂到翻转学习的过渡。

我教的学生参与度差异大

我所在的学校中，71.7%的学生社会经济地位较低，甚至有些学生在家无法上网或使用其他类似技术手段。我在学校里教两门数学课，一门是微积分入门课，面向准备学习AP微积分课程并要申请四年制大学的学生。这些学生知道如何获得高分，但可能并不知道如何才是真正的深入学习。另一门课程是代数1，面向的学生都是第二次或第三次上这门课的，他们学习基础数学概念较为吃力，而且不太自信，当课程逐渐变难时容易放弃。尽管这两门课差别很大，但学生们都需要翻转学习。

我的教学方式存在问题

我开始思考为什么我对学生学习的参与度和掌控度都不甚满意。这不仅仅是一个课堂活动的失败，这种不满意已经持续多年。这些年我不断地寻找让学生更主动、更多参与学习活动的方法，我参加研讨会学习新的教学策略，不断探索行之有效的东西。我知道我在课堂上开展了学习活动，也知道一定有更好的、更深入、更愉悦、更有效、更能提高学生参与度的方式。

我认识到我的课堂结构在几个重要方面存在问题。其中的三个关键问题是：

1. 我的课堂是以老师为中心，对所有学生采用同一种教学方法，没有因材施教。

2. 我的课堂不鼓励深入学习，局限于死记硬背，没有利用课堂时间进行联想、问答和其他更高层次的思维活动。

3. 我的课堂都是被动学习者，我没有创造一个环境让学生可以主动学习。

以老师为中心

在传统的45分钟课堂上，课堂时间都是由老师来主导并以老师为中心。我来想我的学生需要什么，我来想学生问什么问题，我来想一堂课哪个部分最有趣，我希望我的课堂可以更多地以学生为中心，但总是苦于没有时间让学生在课堂上开展真正的思考（Thinking）、写作（Writing）、互动（Interacting）、阅读（Reading）、聆听（Listening）和表达（Speaking），即TWIRLS。

我第一次听到“TWRLS”是在几年前的培生掩蔽式教学（SIOP）研讨会上。与同事探讨后，我在“TWRLS”中间加上了“I”（Interacting）。“TWIRLS”这个首字母缩写词清晰表达了我希望看到的学生课堂活动。我逐渐意识到，我的课堂上开展了很多TWIRLS活动，但主角都是我，而不是我的学生。

思考。我是课堂上思考最多的人。学生舒服地坐在那里，看着我发挥想象力，然后只是在必要时不情愿地参与一下。

写作。尽管我一直在努力寻找机会，却始终没能让学生在数学课上练习写作。

互动。虽然学生有机会互动，但程度有限，而且通常都只停留在表面，学生没有参与意识。

阅读。我的数学课基本不存在阅读。

聆听。学生是在听，但实际上并没有听我讲，也没听其他同学讲。

表达。用学术语言表达或练习是强迫的、偶发的，而且取决于老师的教学，而不是学生的兴趣或创造力。

由于直接教学环节仍然在集体学习空间进行，课堂上就没有足够的时间关注每一个学生以及他们课后的需求，学生不能在课堂上实践TWIRLS，也无法主导课堂讨论、问答和互动。

浮于表面的学习

我知道我的学生并没有实现真正的、深入的学习。学生每天按时上下课，我们在此期间讲授很多内容，然而在这个过程中，学生只是记笔记，浮于表面地讨论内容，没有责任感，也没有团队意识，这些活动没有激发深入的学习。集体学习空间关注的是布鲁姆教学目标分类法的较低层次（记忆和理解），而很少顾及更高层次的活动，比如应用、分析、评估和创造。即使尝试这些更高层次的活动，也只能让学生在课后独立完成。我的学生可以通过死记硬背牢牢记住运算和过程，但整个课堂结构并没有鼓励学生将不同概念和不同学科联系起来。

翻转课堂不只是让我学习数学，而是真正地理解数学。有时候我们学习怎么做一道数学题，只需记住公式，但实际上根本没有完全理解。翻转课堂扩大了我的学习边界，学习不再只是记住知识，而是理解和运用。

——凯丽，11级数学分析课学生

被动的学习者

坐在我课堂中的是一群非常聪明而又非常被动的学习者。我逐渐意识到，是我承担起了学习责任，而没有鼓励学生为自己的学习负责。课堂时间的管理十分微观，总是不必要地忙成一团，而且缺少了回答问题和反思消化环节。在我创造的这个学习环境中，我希望学生全神贯注地被动坐45分钟。他们成了填鸭式学习者，虽然可以轻松通过我的测试，却没有动力主宰自己的学习。

• 翻转课堂之后我的课堂时间更有效 •

随着不断地施行翻转学习，我意识到教学思维模式的转变有利于我创造一种课堂环境，这种环境是我一直以来期望却没有实现的。

我开始假设如果……

- 如果所有直接教学内容从集体学习空间转移出去会怎么样？我制作课程视频，这样学生可以根据自己的节奏与需要异步观看。
- 如果我翻转与学生面对面的45分钟会怎么样？这样在学生最需要我时（更深入学习中），我就在他们身边给予支持和指导。

- 如果将集体学习空间用于差异化教学会怎么样？这样我就可以满足每个学生的需要。

我的终极目标是让课堂时间变得更愉悦、更有效、参与度更高。我全力以赴地施行翻转学习，希望把我的课堂从以老师为中心变为以学习者为中心，把我的学生从表面思考变为更深入思考，从被动学习者变为主动学习者。

以学生为中心

我的课堂变成了以学习者为中心，学生（而不是老师）可以在课堂上实践TWIRLS。我的一个学生阿琳每天上课都会提出一些很好的问题，她非常喜欢上课，因为她在思考难以理解的内容时需要与别人互动。对她而言，TWIRLS中的I（互动）和T（思考）对她的帮助最大。

> 在翻转课堂中，每一天每一个学生都在与另一个学生对话。当你觉得自己理解了一个概念，第二天就可以单独考试。每个人掌握数学概念的节奏不同，一个学生掌握了，而其他人可能还没有掌握，他们就会向队友寻求帮助。在一场对话中，你或是提出问题的一方，或是给别人讲解的一方。
>
> ——塞雅，11级数学分析课学生

更深入学习

我开始注重培养学生更高层次的关联思维，他们可以运用这种思维应用、分析、评估和创造。学生不仅能把学到的数学概念联系起来，而且还能与别的科目比如自然科学和历史建立联系，此外，还有更多时间以问答形式探索和发现其他概念。比如，学生在学习“单位圆”概念（半径为1的圆）时，我没有一步步教他们，也没有放在视频里，而是让学生自己根据之前学到的直角三角形和三角函数关系构建了单位圆。单位圆不再仅仅是一个需要记忆的知识点，而是具有某种意义的事物，它使学生可以看到所有三角函数概念之间的联系。

> 我喜欢翻转学习营造的“大家一起来”的环境，它使我们都参与到学习中来。
>
> ——本，12级数学分析课学生

主动的学习者

我课堂上的学习者都是主动的，而不再是被动的，他们对自己的学习负责，自由地探索、联想和发问，这完全改变了我的课堂文化。有一个学生叫迈克，他原来沉迷于那种被动的学习方式，对这种新形式有些难以适应，但仅仅两个月后，他就对数学产生了极大的热情，并开始主导小组讨论。

> 在传统课堂上，学生把宝贵的时间用于听讲，而不是互动。翻转课堂把焦点从老师转向了学生，我觉得这

给了学生更多时间去实践，学习、掌握新概念。我在翻转课堂获得了更多的个人关注，而不用等到老师讲完才敢提问题。我有45～50分钟的时间可以支配，不仅与老师互动，还可以与同学交流。这种课堂不仅教我数学，还教我如何生活。在这一年中，我学会了如何更有效率地管理时间，可以完成更多的事情，而不仅仅满足于最少的事。

——凯丽，11级数学分析课学生

• 开发WSQ工具 •

刚开始翻转课堂时，我发现学生虽然观看了视频，却没有从中学习。他们知道如何观看娱乐视频，却不知道如何观看教学视频，我需要找到一种更好的方式让他们充分利用视频，从而达到课堂时间的教学目标。我开发了一个工具，称为“观看（Watch）—总结（Summarize）—提问（Question）”，一般缩写为WSQ（发音与“wisk”相同），它可以帮助学生在观看视频时更加专注，还有助于安排课堂时间，从而使课堂以学习者为中心，关注更深入学习，并且使学生在学习中更加主动。

家庭作业仅仅是一个学习过程，不再令人煎熬。

——布莱恩，12级数学分析课学生

WSQ工具应用流程如下。

观看。学生观看课程视频。在观看或研究内容的过程中，他们会看到我为他们制作的指导笔记（见图5.1）。学生可以在需要的地方暂停，后退，重新观看，从而确保他们在参加小组学习之前已经理解重要的知识点。

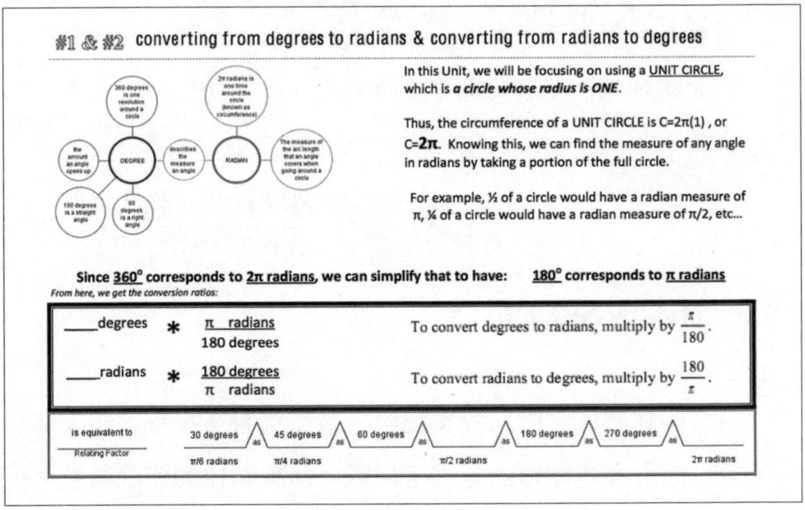

图5.1 指导笔记样例

总结。在观看完视频后，学生要进行总结，写出他们学到的内容。这样做不仅有助于记住所学内容，而且有助于培养他们使用学术语言。起初我只是提出要求，但我发现很多学生需要一个框架来完成这个总结。现在我会给他们提供一些指导性的问题，或者已经开头的半个句子，帮助他们对所学视频内容进行总结（见图5.2）。

提问。在总结之后，学生要提出视频中没有理解的

总结性问题

概念1

1. 你怎样找到首项系数?
   “你可以通过……找到首项系数”
2. 一个标准的多项式有什么特征?
   “标准的多项式意味着……”
3. 项数的四个选项是什么（按顺序）?
   “项数的四个选项是……”
4. 角度的六个选项是什么（按顺序）? 如果其中一个最大指数大于等于6会怎么样?
   “角度的六个选项是……”“如果其中一个最大指数大于等于6，那么……”

概念2

1. 如果小括号前有负号怎么处理?
   “小括号前如果有负号，那么……”
2. 你知道如何给有问题的地方标记颜色吗?
3. 我们应按照什么顺序书写答案?
4. 请用句子描述这个问题：$5x \times 4-3x \times 2-3x$

概念3～4

1. 盒子方法在哪些方面比单纯的分配法更好用?
   “盒子方法更好用，因为……”
2. 在运用乘法时，你______系数，然后______指数。（填空）
3. 基尔希女士所说的“1×3”盒子或“2×2”盒子是什么意思?
4. 请解释“二项式的平方”并描述正确解答的方法。

概念5

1. 视频中基尔希女士犯了什么错误? 她哪里做错了? 她应该怎么做?
2. 你怎么知道哪些能够合并?
3. 合并盒子中的项有哪些常用方法?
4. 用句子写出61题的答案。

图5.2　指导性问题样例

问题。好的问题会引发热烈的小组讨论，或根据视频中的问题举出类似的例子。学生把问题或例子列在笔记下方，这样第二天上课时就很容易想起来。我利用这些问题在课堂上指导讨论，然后用例子问其他同学，使他们得到更多的练习和拓展。

• 在课堂学习中运用WSQ •

当学生来到集体学习空间后，有些活动有助于他们更深入地学习，比如，小组讨论和练习时间。

有组织的小组讨论

讨论时间环节或WSQ讨论环节的目的是给每个学生机会实践TWIRLS，消除观看视频产生的困惑或误解，并通过亲身实践活动加强理解。通过WSQ讨论，我很容易判断是否还需要给全体再讲一遍，或者是否需要讲一下视频里没有解释清楚的问题。我会根据学生在上课前一天晚上提交的WSQ反馈表格（见图5.3）中的问题和需要，不断变化WSQ讨论的内容。我总是在想方设法地让学生参与小组讨论，并且发现如果我不经常变换形式，学生也会对WSQ讨论感到厌倦。

小组讨论中的练习时间

在数学课上，学生需要时间来练习解决问题。我根据从WSQ

总结性问题

用完整的句子详细回答以下问题，这些问题涵盖了本课的大多数重要内容。如果无法回答其中的某个问题，你需要重新观看视频。

1. 什么是直接代入法?

2. 在直接代入时你可以得到哪几个答案，每个答案的含义是什么?

3. 模糊形式是什么，其含义又是什么?

图5.3 反馈表格样例

的反馈表格中收集的数据，基本可以判断每个学生的需求。有些学生可以开始小组讨论：这些学生已经能够与其他同学合作，练习当前的学习内容。有些学生需要再教一遍，一般40人的班级中通常有5～8个学生需要再教一遍。我会单独指导这些学生，用新的方式讲解内容。我认为翻转学习之所以能够成功，其中一点就在于学生在恰当的时间获得了所需的帮助。

• 测评 •

我还提供单元测验。学生可以根据需要参加多次测验，直到他们掌握内容为止。当学生已经掌握一个概念时，他就可以参加针对这个概念的中期测评。中期测评也可多次参与，以便他们一次通过最终测评。对每个学生而言，他们准备好参加中期测评的时间点是不同的。我采用的中期测评包括：

- 针对单个概念的小测验。
- 学生制作的问卷。学生制作短视频，在视频中口头描述他们的理解过程。
- 分析其他学生出现的错误。
- 回答一个大问题，即对一个单元主题的概括。
- 将数学概念与真实世界联系起来。
- 问答式活动，促使学生对一个关键概念形成自己的理解。

除小测验外，学生要在博客中发布这些中期测评结果，然后写出对学习的感想。大多数概念或活动只采用了中期测评形式中的一种，而理想的做法是对于一个概念的测评，学生可以从更多种测评方法中加以选择。

• 对翻转课堂的自觉变革 •

向翻转学习模式的转变极大地改变了我的课堂。课堂现在成为一个令人身心愉悦的地方，学生在这里学习、互动，并向自己发起挑战。这是一个互动的环境，学生可以在这里满足他们的需要。我的学生第一次觉得掌握知识不再有压力。在这个有效的环境中，学生每天深入地学习，并有所提高。

如果要用三个阶段来描述我的课堂发生的变革，那么可以说它们与我多年前希望达到的目标是相同的：以学习者为中心的环境，一个促进更深入学习和更高层次思维的环境，一个主动学习者的集合。每年都会有大批新生入学，我在课堂中努力实现的这三个阶段帮助学生更快地投入学习，并满足他们各自的需要。

• 意料之外的成功 •

通过翻转学习获得的许多成果都在我的意料之中，当然也有一些惊喜。

首先，我的课堂成了一个学习者的团体，在这个团体中，我与他们每个人都建立了密切的关系。通过这种课堂结构，我能够每天与每个学生交流。虽然原来我与学生的关系也很好，但现在我与他们每个人的关系更深入、更有意义。

其次，我能够加入老师组成的团体，这些老师都在尝试转变课堂和加深学习。我通过博客、推特和其他社交媒体找到了翻转学习社团，包括翻转学习网站和几个Edmodo（免费教育内容分享平台）教师组织。我个人的学习网站帮助我回顾、调查、质疑和探索，并促使我和学生更深入地理解数学。

• 为什么要翻转学习 •

学生需要在教育中扮演更主动的角色，他们需要思考得更多、更深，并展开联想。老师与学生在一起的短暂时间应该聚焦学生，为学生的学习需求提供最有力的支持。翻转学习帮助我实现了这一目标。通过把直接教学（每个学生在相同的时间按照相同的节奏学习）从集体学习空间转移到个人学习空间，我现在能够更有效地利用与学生面对面的时间。

翻转学习的施行不仅对我是一个重大转变，对学生、家长和管理者亦是如此，翻转学习改变了他们对教学的认知。教室不再是一个被动的、浮于表面的学习环境，而是一个主动、互动的环境，所有学生都可以在此获得帮助，并对自己的学习负责。

我的转变是三年间一点点完成的，这种转变需要时间、理解和经验，才能看到翻转学习在营造真正的以学生为中心的课堂方面所带来的所有益处。

CHAPTER 6

第六章

翻转学习利用技术手段让课堂专注更重要的学习内容

——化学老师布莱恩·班尼特的翻转故事

布莱恩·班尼特是化学和生物老师，他是一位非常有想法的教育工作者，深受欢迎。布莱恩在慎重考虑了学生的需求和兴趣后，决定改变他的教学实践，通过翻转学习，布莱恩将课堂的重点从他自己变成了他的学生，更具体而言是他学生的学习。布莱恩是翻转学习网站的委员会成员，经常在全球关于翻转学习的探讨中发声。

• 第一年教学后的思考 •

我教化学的第一年异常艰难，人人如此。从我们接受大学教育课程开始一直到真正教学的第一天，人们一直在提醒我们这一点，课程计划、工作表、评分、家长见面——难题接踵而至。即便如此，我们还要讲课、学习学校规定、管理班级、了解学生。除此之外，我的第一年还要加上结婚和为了工作搬到韩国去。可想而知，这一年我是多么艰难。我这样说不是为了博取同情，而是为讲述我的第二年做铺垫，因为第二年我重新学习了如何教学。

我和学生一样苦恼

2010年春季，我终于感觉自己作为老师的生活走上了正轨，就在这时，一些问题出现了，它们不停地让我感到头疼。

我不了解我的学生，尽管我想去了解。我想知道怎样能调动他们的积极性，但不知道如何与学生展开交谈，毕竟，我要完成教学指标，而我宝贵的课堂时间不允许我讲太多化学以外的话题。

有些学生的化学成绩不及格，这让我非常苦恼，尽管当时，我还天真地把他们的不及格画成钟形曲线。绝大多数学生都处于曲线中部，有一些偏高，有一些偏低。我当时以为原本就应该是这样。但一段时间过后，我感觉自己欺骗了学生，觉得他们不及格是因为我没有让他们有效地参与学习。就在那时我下定决心，我不希望我的学生符合钟形曲线。我的每一个学生都是一个个体，而不是标准化的数据。

事实上，我的学生感到无聊，我也一样。对于初次教化学，我主要靠讲课来传授内容，毕竟，这就是我从10年级一直到大学期间学习化学的方式。我可以与学生很好地交流，但交流本身并不足以让学生形成对化学物质的深刻理解。我希望在我的课堂上不断展开互动和讨论。将自己看作课堂上的中心，那学生的特质就无法展现。我必须找到一种方式，让学生在获取知识的同时，加强主动的学习行为。

寻求改变

伯尔赫斯·弗雷德里克·斯金纳是公认的操作性条件反射理论奠基者，他所提出的理论参考了爱德华·桑代克的研究。斯金纳的基本观点是，对于同一主体而言，那些被强化的行为将越来越强，而没有被强化的行为将逐渐消失。他通过实验给出了充分的证据，这个观点表达的含义也可以应用于教学。

我们的教育体系是老师命令学生认真听讲，年复一年形成了这样的条件反射：学生安静地坐在教室里，一边听老师讲课或交流，一边记笔记，然后学生在评估中消化这些知识，通过获得及格分数而被动地被强化。

从本质而言，我们的教室已经失去了“人”的意义，学习不再是一个主动的、合作的过程，而变成一个奖惩体系。学生眼中的老师不再是人，老师也不认为学生是灵活的、动态的学习者。这种条件反射从学生很小年纪就开始形成，一直贯穿整个学生时期。等到学生进入高中后，这种条件反射已不能帮助学生更好地学习。

本杰明·布鲁姆的教学目标分类法可以与斯金纳的理论结合起来。绝大多数教育工作者熟悉布鲁姆教学目标分类法的认知层次，如图6.1的金字塔所示。

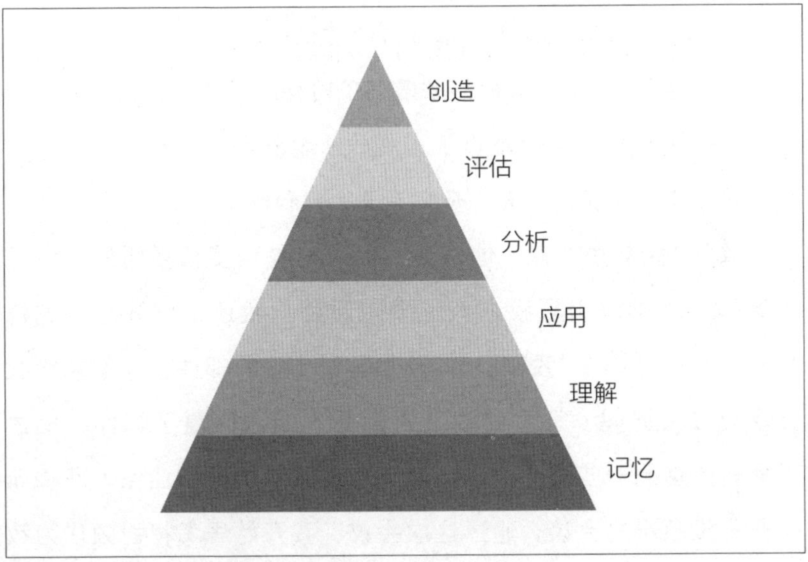

图6.1　布鲁姆教学目标分类法

如果以斯金纳条件反射加强行为的视角来审视教学方式与布鲁姆教学目标分类法的关系，我们不难看出，如果把讲课作为主要教学方式，即学生听讲行为（安静地记笔记）被加强，那么学生将仅仅在记忆和理解层次学习；如果采用主动的、合作的教学方式，即学生主动行为（互动和讨论）被加强，那么学生就在更高的认知层次上学习。

机遇来了

在寻找解决问题的方法的过程中，我收到了来自AP化学Listserv的电子邮件，Listserv由大学委员会管理。其中一个发件人非常与众不同。邮件内容包括：

> **教师1** 我的学生很难理解化学动力学，如何能帮助他们完成家庭作业？谁有好的建议吗？
>
> **教师2** 我和我的搭档遇到了同样的问题。我们录制了一个视频，里面给出了家庭作业要点和很多例子，这样学生可以在家观看，而且不限次数和地点。

教师2就是乔纳森·伯格曼，他当时是科罗拉多州的一位化学老师。乔纳森引领我进入了翻转课堂。我还记得我给乔纳森写第一封信时说："我在Listserv上看到了你的邮件，你愿意跟我分享更多经验吗？"乔纳森非常慷慨，给我回复了邮件，描述了翻转课堂的一些基本概念，并且邀请我参加他和亚伦·萨姆斯在科罗拉多州的会议。通过这次会议，我开始思考将视频作为教学手段来开展协作学习。基于那年夏天学到的方式，我开始重新设计我的课程。

• 做出改变 •

很快就到了第二年，我在第一年遇到的教学难题在第二年变得更加突出。当我决定翻转教学时，我需要再一次重新学习如何教学，这使我的第二年也变得非常艰难。我开始录制视频给学生作为家庭作业观看。在科罗拉多州参加会议时，我了解到一种软件，并用它来录制讲课内容，这与我在课堂上讲课别无二致，但是，通过让学生在家观看视频，我可以用更多的课堂时间开展其他活动，帮助学生更好地理解视频中的内容。

直面挑战

我在翻转课堂时遇到的第一个挑战是如何利用所有的课堂时间。我意识到我需要认真地制定计划，才能让学生每天都能主动地、互动地学习。我曾尝试过不少课堂活动，但还从未系统地准备过这种翻转课堂的活动，所以开始着手调研。我在互联网上找到一些其他理科老师的教学材料，把它们融入到自己的教学中。开始时都是一些非常基础的事情，比如工作表或小型实验。随着时间的推移，我开始制作自己的教学材料，并以此启发批判性思维、推理思维和质疑思维。

我刚刚解决了如何计划有意义的课堂活动问题，第二个问题就随之而来：如果学生在家不观看视频怎么办？我脑海里闪出的第一个回答是：学生会失去课堂时间，而且必须在学习新内容之前补看视频。这种想法再一次被证明是幼稚的、目光短浅的，因为我很快发现我所制作的视频内容并不是学生学习的唯一途径。学生经常会问我他们能不能只看课本学习，或者能不能通过别的网站学习这些概念。我意识到我提供的视频只是其中一个选择，这让我感到很奇怪，但随即又感到轻松。因此我从两个角度来分析这个问题：第一，什么内容是我个人需要教给学生的？第二，学生真的需要在家观看视频吗，或者学生究竟是否需要观看视频？

• 从翻转课堂到翻转学习 •

我真正需要的是以学生为中心的学习。我从翻转课堂自然地过渡到了翻转学习。在翻转课堂阶段，学生在家里观看视频，在课堂上做练习，而翻转学习鼓励任何时间的学习，技术作为手段为学习提供支持。这种转变的诱因是我意识到问题的关键不在于学生是否观看视频，或者是否观看有关内容的具体讲解，而在于学生是否在做学问，是否能够学到知识，无论是否借助于我的教学。

我希望学生能够利用各种资源获得他们需要的帮助，希望他们能够提出问题，建立事物之间的联系，解决问题并且协作学习。内容有时很重要，但不是永远重要。我更希望看到学生相互协作解决问题，而不是坐在那里观看教学视频。作为一个年轻的老师，这是既艰难又及时的一课。学生在利用课堂时间搜寻信息的过程中，开始不断地给我更多更有效的反馈，使我看到教学中的不足，并做出改进。

> 视频的美妙之处在于我们可以反复观看，甚至从第一章开始。此外，你让我们在观看视频前后完成工作表，这样我们就不是傻傻地盯着视频，而是同时在思考和做练习。你的博客非常精炼，很显然花费了你很多时间。你还让我们在课堂上提问，看博客，以及做其他有益于学习的事情。所以我们不仅通过视频与你互动，还在课堂上与你互动。
>
> ——苏珊娜，11级化学课学生

一切都好极了。学生在学习，思想在交流，而我作为老师也获得了成长，我的教学正是从此发生了更深入的变化。

• 翻转学习帮助学生成长 •

简而言之：互动。利用课堂时间讨论并与学生一对一交流是最大的不同。这一点所有老师都知道，却是教学中最难以控制的。事实上，如果凡事都亲力亲为，我们便没有足够的时间完成教学、练习和测评。翻转学习利用技术手段将传统教学课堂的一部分内容转移，使我们能够在课堂上专注更重要的部分。

在2011—2012学年末，我让学生给下一级学生写一封信，请他们就如何在翻转课堂上取得成功给出建议。老实说，我布置这个作业时有些担心，怕多数学生会强调视频。读了120封回复后，我复制了部分文本，制作了一个关键字云（见图6.2）。

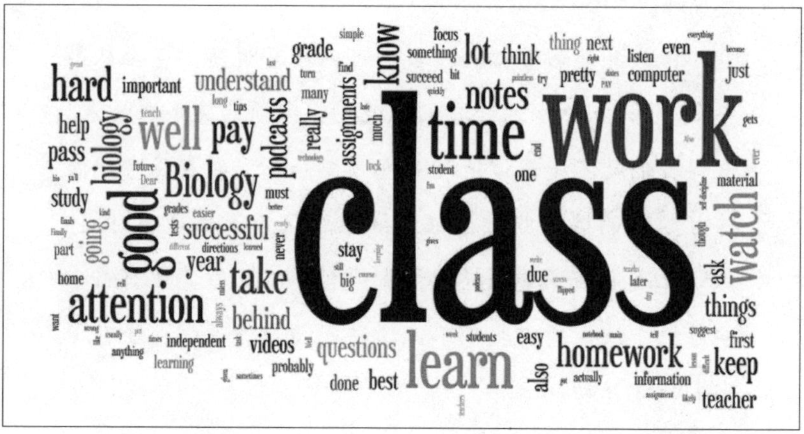

图6.2　学生建议关键字云

学生的回答令我惊喜。有时，教学方式比传递的信息更重要，但我遇到的情况并非如此。大部分学生都认为他们在课堂时间所建立的关系最有价值。如果我没有在2010年引入视频，我的课堂时间不会变得如此有意义。还有一些老师告诉我，这种转变也归功于我作为老师更加成熟，这一点我不否认。但我想说的是，如果我还是一位站在讲台上讲课的理科老师，就不会取得如此显著的成长。

我所经历的翻转学习对我而言意义重大。我在教学的第一年末就接触到翻转学习，我感到非常幸运。我的转变和我在翻转学习中的收获是我作为一个人、一位老师不可或缺的一部分。

CHAPTER 7

第七章

体育课如何实践翻转学习

——体育老师杰森·汉斯泰德的翻转故事

绝大多数翻转课堂的老师都是从事理论课程的教学，而杰森·汉斯泰德是伊利诺斯州肯纳尔沃思堡市的一位体育老师。初次听到这个“唯一的问题”时，他就希望翻转他的体育课。他与我们分享了自己的经验，同样值得我们借鉴和学习。

如何管理课堂时间并不只是核心学科老师需要考虑的问题，教授特殊学科的老师，比如体育老师，也必须分析如何利用课堂时间，确保在强健学生体魄的同时完成教学目标。体育老师需要利用宝贵的课堂时间讲解各种活动和运动规则，设计课堂活动以及流程。翻转体育课就意味着这些任务将无需占用课堂时间，从而更多地开展体育活动。

当然，翻转体育课有一些障碍，其中之一是体育老师并不像绝大多数学科老师一样布置家庭作业。因此，学生也觉得体育课不像其他核心学科那样严格。翻转课堂模式为学生提供了参加课外活动的机会，因此使体育课变得更丰富，也更具挑战性。

传统的体育老师在课堂上给学生讲课，也在课堂上测试。翻转学习把教学和测试都放在课堂时间之外。老师可以制作教学视频，学生可以在网上完成测试。此外，学生有更多机会在课外参加体育活动，比如为课堂上“想跳就跳”环节的舞蹈投票，从而提高学生的积极性和参与度。体育老师还可以利用网络，比如在网页或社交网络上发布班级的测试结果或更新消息。对于那些对体育课更感兴趣的学生，老师还能利用谷歌文档、表格、幻灯片、画图等协同创新工具为这些学生提供资源，以帮助他们取得更好的成绩。

• 体育老师为什么要考虑翻转学习 •

活动时间对于任何年级的学生都是宝贵的。以往，体育课过分强调核心标准和测试极大压缩了课堂上的活动时间。同时，美国心脏协会建议，儿童每天应至少参加30分钟体育活动以保证心脏健康。我很幸运，我所在的学校为所有年级每天都设置了体育课，每个班级的活动时间不少于30分钟，而现在多数学校每周只有1~3次体育活动，而且每次只有15分钟。

教学经验告诉我，学生进入中学后会迫不及待地参加一项运动或活动。当我要求他们专心听我讲解一项运动或活动时，他们很快就会走神。他们不希望像其他课一样听“讲台上的圣人”讲课，这种教学方法显然不能吸引他们的注意力（伯格曼、萨姆斯，2012）。翻转课堂模式恰好可以改变这一点。通过让学生在课前有所准备，体育老师可以将更多课堂时间用于活动和练习。

• 哪些年级的体育课可以翻转 •

我认为几乎所有年级的体育课都可以翻转，从一年级开始就可以实践。每个年级的翻转方式可能不尽相同，但制作视频会毫无例外地带来益处。年纪稍小的学生喜欢在视频中看到自己和老师，所以我制作的视频就包括让我和学生练习基本技巧，比如抛球和接球。我还把常用的运动项目录制成视频，这样学生就可以在亲自实践前先观看这些运动。对于四五年级的学生，我会教一些更高水平的运动，比如羽毛球，把相关技巧录制在视频中。对于初中生（通常是6～8年级），我制作的视频都是指导性的，内容主要是讲解规则。对于高中生，我建议体育老师在视频中讲解如何进行高水平技术分解和运动分析，这个年级的学生还可以自己制作视频，分析运动策略或者评估自己或同学的技术水平，展示他们的相关知识和擅长领域。

• 如何翻转体育课 •

两年前，在那一学年的第一次教师会议上，乔纳森·伯格曼成为我们的领先技术推动主管。听了乔纳森的演讲，我在教师生涯中第一次被要求重新思考如何利用课堂时间。在乔纳森提出的问题中，最令我印象深刻的是："你对自己一直在重复讲相同的内容怎么看？你想怎么做？"我了解到我所重复的内容可以录制在视频中，供学生在课外观看，这样就可以将宝贵的课堂时间用于更重要的活动。在体育馆里，最重要的是高质量的活动时间，学生可以动起来或参与其中。在分析日常课堂结构时，我发现自己每天用大量时间重复讲解或设计活动，遗憾的是，如果某个学生在我讲解的时候缺席，我就不得不另找机会再讲一遍，同时又不能分散那些已经开始活动的学生的精力。

有了这些想法，我开始翻转体育课堂，决定从匹克球项目着手。为了制作视频，我上网搜索并下载了一些免费图片，它们有助于我向学生讲解匹克球。在找图片时，我发现了一张很有趣的图片，一个老奶奶手里拿着匹克球拍，目光炯炯有神地盯着对手。我还找到了一些匹克球场的图片，可以插入我的讲解中，用来描述这项运动的历史和规则。通过屏幕截图软件，我按下录制键，记录下我的所有动作，然后像平时上课一样讲解。在录制讲课内容时，我并不担心会有一些错误，因为稍后可以再编辑。后编辑会耗费一些时间，但一次比一次容易，速度也更快。最后，我把保存好的完整视频上传到学校的视频存储网站和YouTube上，供学生观看。

视频完成后，接下来就要翻转测评了。

• 翻转体育课测评 •

把学生需要了解的所有内容录制到视频中，不代表我就可以高枕无忧了。我需要找到一种方式，确保学生已经了解了视频内容，然后才能直接开始具体活动项目。需要注意的是，如果不能明确地测评视频中的内容，就无法知道学生是否观看了视频。刚开始翻转体育课时，我没有及时地制定这样的测评方法。由于我行动的迟滞，学生并没有认真对待视频内容，我不得不回到从前，花费课堂时间讲解。这让我意识到，在任何一个项目开始前，我必须有充分测评，确保学生完成准备工作，然后参与到我设定的所有活动中。如果活动项目具有足够的参与性，会更好地激发学生完成准备工作，这样他们在课堂上就能参与其中，而不只是观看视频或者参加测试。

我发现在线测试是检验学生是否理解视频内容的最好方式。我尝试了多种在线测试程序，从中选取最有效的。第一种是在线表格生成器，通过一个网页链接就可以轻松创建和共享各种项目。问题形式也可以多种多样，包括多选、简答、详细论述、勾选、从列表中选择、评定量表和网格。在线表格生成器使用简单而且灵活，我甚至可以在视频发布页面嵌套谷歌表格。问题也可以设置为必答或选答，并且可以在时间戳电子表格中查看答案。根据我的经验，在线表格生成器是收集信息和测评学生的最佳工具。

基于电脑的测验程序是我找到的另一种有效在线测评工具。这类程序一般比较便宜，却能提供高度开发的测验系统，非常方便老师使用。老师可以在问题中添加图片、声音、视频、文本和网页链接，问题可以是多选、填空、简答、判断、连线、计算、论文或调查。测验题生成后就可以直接提供链接共享。测验结果可以自动打分。使用这种工具要确保能够随机选择问题和回答，从而避免学生作弊。每个测验还可以设置时间限制。这种程序的一个弊端是它们通常限制单一用户使用，但测验文件通常会在用户间传递，如果多位老师同时使用，每个软件授权的成本会有所增加，影响测验结果的共享。

我目前使用的测评工具是我们学校学习管理系统的一部分，

该系统允许在不同学科和学生间创建和共享班级、网页和测评。它支持在线测验，问题形式可以是填空、连线、多选、判断和简答。所有问题都存储在问题库中，形式多样并且使用方便。测验可以自动定时和打分，测验结果可以导出。问题中也可以加入谷歌文档、文件夹、文本、链接和图片。由于这个工具非常灵活，而且与学生的个人谷歌账号配套，我认为它是一个非常好的选择。

• 翻转体育课的成果 •

我在翻转体育课的过程中做过各种尝试，也犯过一些错误。解决这些问题后，我看到学生对体育课的兴趣和相关知识都有所增加，我也成功地获得更多的课堂时间，以开展健身项目、运动项目和其他体育活动。学生可以很好地适应这些变化，我很少听到他们的抱怨。学生很愿意自己选择课外时间参加测验。如果某个学生缺课，我也能很容易要求他/她自己完成必要的作业。学生的测验分数随之提高，因为他们可以多次参加这种在线测验，以最高分为准，这也提高了学生最后的课程分数。学生对课堂运动和活动的准备程度也提高了。学生适应翻转课堂后，我还可以增加一些他们之前没有见过的运动项目，并促使他们从一开始就积极参与其中。

我并不要求所有视频都在课外观看，有时出于一致性的考虑，在课堂上播放视频让学生观看相对而言更加容易。这种教学策略有很多益处，其中一点是我能很好地传达一致的信息。我在讲解这些规则时从不拖沓超时，还可以通过视频播放有关运动技巧和策略的图像、图表和演示。

让学生在课堂上观看视频的另一个好处是我可以更好地管理学生的注意力，因为我只需要关注整个学习环境，而别无其他。此外，由于学生更乐于看视频或电视，他们看视频中的我比看我本人亲自演示更加专注。每次学生在观看完我的视频演示后都会鼓掌，这使我的内心感到极大满足，因为我本人亲自演示时从未得到他们的掌声。视频演示使我能够保持活力，用更多精力应对其他课堂时间。

• 我的总结 •

回顾前面提到的主题和问题，我总结了以下几点：一个是什么时候采用视频教学效果最佳？在体育课上，翻转课堂最好是在一项运动开始之初，学生此时需要了解大量的新信息。只要学生了解了规则和步骤，我就可以很好地掌控整个课堂直至项目结束，而无需过多的干扰。

另一个是，我自己制作所有视频还是使用他人的视频？这个问题的答案很简单——视情况而定。我制作的视频只针对我想讲解的内容，测试也只在这些视频范围内。我发现，学生观看我自己演示制作的视频，会与我建立更密切的关系。但在课堂上，我也偶尔使用他人的视频，尤其是在为学生更清晰地演示技巧时。

具有视频功能的iPod和iPad使学生可以录制自己的视频。一方面学生很愿意这样做，另一方面这些视频可以用于测评学生对相关知识和技巧的掌握程度。学习的最高层次就是分析和举一反三。我们使用了一款应用来测评：学生首先把自己使用一项技巧或实践一个项目的过程录制下来，一帧一帧地回看，或者看慢动作。这款应用还有画线功能，可以实时标注，并支持导出和共享。这种方式最常用于高中的竞技运动，教练看运动员的视频，然后标注需要改进的地方。体育课上采用这种方式可以更好地测评学生的水平与取得的进步。长远来看，这些视频可以保存，流传下来，供日后的学生观看和学习。

CHAPTER 8

第八章

翻转学习把学生培养成自我管理的学习者

——生物老师卡洛琳·杜丽的翻转故事

卡洛琳·杜丽是加拿大不列颠哥伦比亚省基隆拿市的一位生物老师，她在翻转学习领域崭露头角是因为写了一篇题为《各位：我想我发起了一场改革》的博文。在这篇博文中，她写道："我知道这个世界正在发生变化……但是没有人告诉我如何完成从'这里'到'那里'的转变。"通过翻转学习，她使学生进入了更深入的学习。她在翻转学习领域不断地做出贡献，还为其他老师提供培训，帮助他们也施行翻转学习。她和同事格雷哈姆·约翰逊在加拿大筹办了翻转学习大会。

如果五年前你让我描述什么是以学生为中心的学习，我可能很难做出回答，也根本无法描述“深度学习”（见表8.1）。在之前20多年的教学生涯中，我的专长就是教书，我的关注点也在教书上，而不是在学生学习上。我曾以为只要我组织和计划好一门课程，并把它们传授给坐在教室里的学生，学习就会自然而然地发生，但现在我知道了，我曾鼓励的仅仅是一种浅层学习。过去，我怀着一种强烈的责任感去传授一门课程，对我而言，这就意味着我教给学生，整个课堂的行动是由我这个老师掌控和执行的。这种想法使我的课堂停留在浅层学习阶段，阻碍了深度学习的实现。

• 教学的“凯旋门”变成“改变门” •

每年的9月1日，我发现自己都要再一次解决相同的问题。我走进教室，好像它是一扇“旋转门”，我又一次面临和去年一样的问题，我的教学实践依然没有得到显著成长。尽管我每年都

表8.1　浅层学习和深度学习对比

浅层学习	深度学习
学生的学习活动出于一种习惯，而不是自觉自发的。	学生能够清楚地知道什么样的学习活动最有助于他们达到学习目标。
学生高度依赖老师细致入微的教学和指导。	学生具有独立性，与其他同学以及老师共同学习。
学生不喜欢尝试新的学习活动，因为活动不成功可能会影响学生的成绩。	学生认为在学习中值得冒险尝试新方法，他们能够从错误中吸取经验，举一反三，然后采取恰当的学习活动。
学生与学习过程脱节；学习好像是别人的事情，与自己无关。	学生在学习过程中掌握主动权，并以此为傲。
学生关注取得分数的学习策略。	学生关注提高学习能力的策略和习惯。
学生是被动的、依附的。	学生是主动的、参与的。
学生很难解释或找出不同知识点之间的联系。	学生能够解释不同知识点之间的联系，以及知识点与整个课程的关系。
学生认为学习就是一个成绩或分数。	学生认为学习是一个持续的过程。
学生不知道哪些领域是自己的弱项。	学生能够清楚地指出一个课程中自己的弱项和强项。
学生认为知识点就是需要记住的，很快就会忘记。	学生能够将小知识点与更大知识点联系起来，并知道为何有联系及如何联系。

会重新组织、准备课程，并尝试新的教学实践，同样的问题还是会显现出来，我始终不能持久、有效地改变学生的学习。改进教学实践所需要的时间和精力都在考验我是否有能力教授12年级学生的课程，因为他们很多人需要达到一定的平均分才能进入高等教育。

我用越来越多的时间和精力研究更好的学校和学科策略，希望最大化地利用学生的课堂时间。我错误地以为，如果我的学生坐在教室里，学习的其他事情就会轻松实现。这些策略并没有直接关注提高学生的学习能力，而是停留在表面的管理流程，包括按时完成测试，学生早退、无故或因故缺课的处理等。

这些狭隘的观念使我的教学实践和学生学习视角非常肤浅。我的教学技能只围绕内容组织、行为修正、课堂控制、娱乐和参与等方面。这些技能虽然有助于应对高难度的考试，却无法促进学生深度学习。尽管如此，我的教学实践收获颇丰，我与学生建立了密切关系，学生、家长和校方都给予了我积极的反馈，我对自己的课堂表现感到骄傲。这种成就感更让我确信自己对学生学习的理解是正确的：学生按照我预设的节奏学习，紧密听从我的指导，快速学习大量内容而无需讨论或回顾。我无法想象去探索问答式教学、后设认知或其他新的教学或学习策略，比如注重理解的教学设计、基于问题的学习、全方位课程设计等，除非我有更多时间。毕竟，完成既定的课程设计时间就非常有限，我没有多余的时间尝试或增加其他策略。

正是这种时间的缺乏促使我迈进翻转课堂的大门。我采用翻转课堂模式的最初动机就是它可以增加课堂时间。我首先采用的是翻转课堂，制作并保存讲课视频，然后让学生回家观看（见表8.2）。新增的课堂时间使我能够更加合理地安排课程。我可以加入实验，让学生动手操作而不只是纸上谈兵；我可以与每个学生交流，帮助那些需要帮助的学生，并对那些已经掌握内容的学生提出更高的要求。最初采用翻转课堂时，我的目的仅仅是为学生创造更多的课堂时间，从而使他们能够更深入地学习课程。翻转课堂很快就解决了这个明显的问题，但一些新的问题也随之而来。

表8.2　视频制作建议

时　间	视频长度不要超过10～12分钟。
格　式	制作一个视频模板，用这个模板制作每一个视频。
指　导	直接指导学生如何观看教学视频。
笔　记	为学生提供笔记，使他们知道视频的重点。
合作式观看	鼓励学生与学习伙伴或与学习小组一同观看视频。
时间上的灵活性	允许学生在部分课堂时间观看视频。
老师亲自制作	老师制作的视频显示了老师为学生的成功所付出的努力，并有助于建立彼此间的信任。
下载视频	如果教室里有电脑，把视频下载到每台电脑里，以免网络无法连接或网速较慢时影响观看。
备选方案	制定备选方案，以防学生不想观看视频或者视频学习效果欠佳。
耳　机	在教室里提供耳机，鼓励学生自带耳机。

• 翻转课堂暴露弊端 •

我在第一年制作的视频促使我将关注点从教学转向学生学习。无论课内课外，这些视频都为我提供了空余的时间和精力。对我而言更重要的是，使用视频减轻了我要传授内容的思想负担，而这种负担显然加剧了浅层学习。然而，这些空余时间和精力也使我在学生学习方面产生了前所未有的想法，并带来了新的挑战。

由于内容传授不再占用面对面的课堂时间，我可以每天与学生交流，在课堂上与每个学生展开有意义的对话。尽管这样做本身非常有益，但我知道很多学生缺乏成为独立学习者的基本技能。学生很会在学校玩，但他们并不会在玩中学习。在进入深度学习之前，我们需要专门培养学生的习惯和技能，使学生能够成功应对与以往完全不同的动态课堂。

起初，学生并没有准备好迎接课堂实践的彻底改变：他们需要时间。很多学生开始时对我感到生气，觉得“我再也不是他们的老师了”。他们的反应让我很难过，因为我曾经与他们建立了深厚的感情。我意识到我需要逐渐采用新的学习活动，才能维系学生对我的信任。我还发现学生需要我提供有针对性的支持，帮助他们制定行动计划以克服困难，无论是学习习惯还是内容方面的困难。学生希望有自己的长期目标，但他们缺少时间管理技能，以及把学习习惯和这些目标结合起来的技能。培养学生的学习自主性所用的时间超出了我的预期，但是，一旦学生开始为自己做选择，他们会比我为他们做选择时更加努力。学生能够根据自己的时间和空间，做出适合自己的选择并取得成功。

学习不是直线运动，学生有各自的节奏。通过每天与学生交流学习内容和想法，我很快发现无论我给他们设定什么节奏，他们都会按照自己的节奏学习。更令我吃惊的是，学生可以准确指出自己不擅长的内容和领域，尤其是在他们明确学习目标和标准的情况下。我过去一直以为，如果学生很长时间没有进步或没有显著进步，那就说明学生没有学习，但通过翻转学习，我发现很多学生在很短时间内就会发生改变和取得进步。这让我意识到，学生们可以为自己的学习负责。对于自律性强的学生，他们需要有针对性的指导，从而制定行动计划，克服学习习惯或内容方面的具体困难。有些学生缺乏时间管理技能，也不善于培养适应长期目标的学习习惯。因为我有时间与每个学生交流，所以可以帮助每个学生应对具体的困难，提供他们所需要的帮助。

我发现的另一个问题是，很多学生不熟悉、也不善于自我反省和自我指导，尽管这是他们在学习上需要具备的技能。他们认为后设认知（*思考之前的想法*）并不是学习进步的一个关键因素，并且觉得一切与提高分数无关的活动都是多余的，都是浪费精力。

• 从翻转课堂向深度学习过渡 •

翻转课堂揭示了我之前教学方法中的问题，并让我构想以学习者为中心的教学。我在向翻转学习转变的过程中主要有两个目标：一是在教室里形成自我支持的学习社区（见表8.3），二是帮助学生实现自我管理。因此，向动态课堂的过渡需要在学生中树立强烈的社区意识，并培养学生的自我管理而不是外部管理技能。在自我支持的社区里，学生彼此合作，互相帮助，这种学习方式会提高学生在教室里的归属感和团队意识。协作学习非常重要，因为这会让具有不同技能水平的学生感受到自己的价值。

表8.3　课堂社区的关键构成

协作学习	合作学习
努力与他人共同创建一个具体项目，每个学生在项目创建过程中扮演独立和具体的角色。	努力与他人共同学习，并作为社区的一分子理解一个具体内容。

在教室里构建自我支持的学习社区

我采取了一些行动，帮助学生在教室里构建学习社区，并成为积极的社区成员。

共同制定政策。我让学生积极参与到课堂规则的制定中，比如，我和学生共同制定了课堂个人电子设备使用政策，并让每个学生签字确认。

布置教室。我重新布置了教室设施，使它们同时支持集体学习和个人学习，我希望老师不再是课堂中心。我的做法是设置三个小的交流区，每个交流区都适合集体讨论。

使集体协作成为常态。每个学期，我都用最初的几周制定课堂规则，这要求团队合作并体现技能差异。

培养小组责任感。我会定期地重复布置小组任务，以此培养学生的主动性和独立性。例如，同一项周任务，我会于整个学年在不同小组中循环布置这些任务。

培养课堂文化。过去的课堂文化来自我的个性和能量。在以学生为中心的课堂中，培养源于学生的课堂文化并不能一蹴而就。由学生驱动的文化需要很长时间来培养，也需要更大的决心和毅力。一旦这种文化形成，这个课堂就是自我支持的，并在教室外依然发挥作用。在培养以学生为中心的课堂文化方面，我的一个实践是创建一个班级讨论群，学生可以在群里交流和提问。

征求学生反馈意见。我会定期向学生征求反馈意见，然后，公开回应这些反馈和其中的建设性意见。我尽量采纳学生的建议，并对于不能采纳的建议给出解释。

把学生培养成自我管理的学习者

由于学生习惯了接受来自外部的管理，为了把自我管理培养成课堂文化不可或缺的一部分，我需要施行以下活动。

鼓励在指导下定期地后设认知。学生需要定期在指导下思考他们的想法。很多学生起初并不认为这项活动有意义，“我们为什么要这么做”是一个常见的疑问。随着时间的推移，学生在这个过程中表现得越来越好，不需要催促就自发完成。学生的反馈是“反思帮助我理清我需要做什么”，“当我不堪重负时，反思帮助我把大问题分解成我需要做的小事情”。学生在笔记本上记录学习日志，然后把它们放在教室里，在需要时轻松取用。更多有利于推动课堂文化和自我管理的活动参见表8.4。

树立后设认知的榜样。学生眼中的老师应该是教室中的主要学习者。为实现这一目标，我经常在博客上写出我关于课堂的反思。我希望树立一个榜样：我是一个会反思学习过程的学习者，而这种反思是非常重要又有价值的活动。

定期设定目标。我要求学生定期设定短期和长期目标，并记录学习过程中目标的实现情况。对于有些学生，这些目标像问个问题或完成一个小项目一样容易，他们已经具备了这种技能。设定目标还有助于一些学生培养对时间和学习的掌控能力，它很快会成为一种习惯，不用督促就会完成。

使目标可见。在学年开始，我和学生一起设定班级目标，学生自己设定个人目标。我们在教室里张贴这些目标，使学生在整个学年都能看见。

使目标公开。学生在“黎明前”（见表8.4）与我或小组分享目标。我发现，要加强学生作为学习者对每日学习的掌控，表达和交流目标是非常有效的方法。

提供选择。我在课堂上给学生时间和空间完成学习活动。学生有时会感觉不在状态，当他们说需要个人空间时，我们要充分尊重他们。我在每堂课上都提供自由时间，学生可以利用这些时间选择做那些最有利于实现个人学习目标的事情。

不断实践新活动。我鼓励学生尝试新活动（见表8.4），相信他们会在有所准备后参与其中。如果学生看到一项新活动有趣，下次在课堂上实践这个活动时，他们会积极参与。在课堂上通过推特回答问题或者采用Poll Everywhere软件就是这样的活动。

表8.4　翻转课堂上可行的学习活动

学习日志	不太贵的硬皮本，就放在教室里，用于记录后设认知、设定的目标，以及与老师的单独沟通。
学习手册	一本手册，其中包括一个单元的学习活动和完成日期，以及该单元的视频笔记和学习标准或目标。
“黎明前”	测验之前利用课堂时间，老师与每个学生单独谈话，学生向老师证明自己学习了哪些内容，和老师一起讨论哪些内容进展顺利，哪些内容的学习遇到困难。
申请重新测验	如果学生希望再测验一次，可以提出申请。在学生参加重新测验前，必须满足一些提前设定的标准和条件，具备重考资格。
自由时间	即一段课堂时间，学生在此期间可以自由选择最符合个人情况的活动。在学期开始时，自由时间一般是10～20分钟。根据课堂的具体情况，自由时间可以逐渐增加。很多学生利用这段时间观看视频。
传统活动	在学期开始时，我每天会用一小段时间站在前面讲课，让学生不那么紧张，也向他们证明我还是他们的老师。随着学生逐渐适应和熟悉翻转课堂，我就不再面向整个班级讲课，只是根据需要在小范围内讲课。
社区时间	在这段时间全班同学完成同一个项目。在生物课上，这通常是全班同学一起做实验。然而，如果有些学生掉队了，他们可能不想参加这种课堂活动，所以这种活动要征求全班同学的意见。

尊重个性差异。有些学生比较内向，更喜欢以网络等不太公开的方式参与学习活动。比如，有些学生喜欢参与网络论坛，而不喜欢在整个班级面前公开发言。让学生自己选择参与学习活动的方式会使他们感到自在和受尊重。我会尽可能地给学生提供多

种选择，使他们能最有效地参与活动。

信任学生。过去我总是给学生施加压力，让他们跟上进度，完成作业，有困难时来找我。在与学生充分交流后，我意识到学生并不喜欢这种微观管理，更糟糕的是，这种做法对于有些学生会适得其反，让他们彻底放弃学习。虽然这对我而言是一个非常难改的习惯，但每当他们对我说“我自己能行”时，我会信任他们。

允许失败。我发现，有些学生在经历了失败后会更快、更积极地做出反应。这并不是指我有意让学生失败，而是当学生准备好后，我会给他们证明自己的机会。我通过复试或另类评估给学生提供机会，比如同时采用课下面谈和试卷测试。

早失败，多失败，从失败中学习才会进步

改变意味着尝试新事物，不管是去健身房，烹饪新菜品，还是使用新手机，犯错是难免的。我现在知道，改变一个学习环境也会有失败，尤其是当要面对三十几个大孩子或小孩子时。

对我而言，做好失败的准备并坦然接受失败是最难的。作为一位老教师，我已经习惯了顺畅的课堂进展，没有中断或混乱。从一个稳定可预知的环境过渡到前几个月每天都要犯一些小错误非常难熬。我感到压力很大，因为一切都不再完美，课堂一片混乱。我不得不接受失败，从中吸取教训，然后继续向前直到下次犯错，而下次犯错往往很快就发生了。所以我的经验之谈就是：早失败、多失败，这些失败会帮助你进步！失败不是终结，而是一个全新

的开始。不学会正确看待失败，我们就不会学习。翻转课堂允许我失败，也让我一点点取得进步，进步的方向就是构建以学生为中心的课堂，实现深度学习。

• 最终实现翻转学习 •

我的翻转课堂之旅是从制作视频开始的。我利用20多年教学生涯培养的讲课和组织技能成功实践了翻转课堂。制作好视频后，我能从重复的内容讲解中解脱出来，重新安排时间。我不再被无休止地消耗，可以集中精力改变课堂，使它完全以学生为中心。这个过程很漫长，需要几个月的时间以及每天与其他翻转了课堂的老师交流。通过这段时间的过渡，我的关注点变成与学生一起解决问题，允许他们掌管自己的学习，做出选择，并对自己的成败负责，这种设计在一年的时间里基本完成了。

最初尝试翻转课堂时，我根本不能想象它会使我的课堂发生翻天覆地的变化，而且一发不可收拾。开始我只是想有更多时间更好地上课，并没有多想其他的可能性。翻转课堂使我从以老师为中心和外部管理模式转变成以学生为中心和学生自我管理模式，我已经变成了一位翻转学习老师。虽然我还需要不断进步，但我一定不会走回老路，我的教学、我的学生和他们的学习都永远地改变了。

CHAPTER 9

第九章

翻转学习促进优化
教学策略和课程设计

——社会学老师汤姆·德里斯科尔的翻转故事

当媒体探讨翻转课堂时，绝大多数都以数学等理科课程为例，人文学科老师通常觉得他们的课堂不能翻转。汤姆·德里斯科尔是康乃狄克州普特南市的一位社会学老师，他不仅翻转了历史课堂，还利用翻转学习增加了课堂互动，为每个学生定制学习活动，实现了课堂民主化。

为什么我们不能投票决定接下来学习什么内容？你为什么讲那么快，能不能放慢点？我的言论自由怎么体现？我能申请这门课吗？

在我教美国政体课的前四年，这类问题会时不时地冒出来。很多老师，包括我在内，只是把这些问题当作学生不想学习的伎俩。这些年我的回答一律是："这门课虽然讲的是民主，但实际上更接近于独裁。尽管我是个仁慈的独裁者，但还是独裁。"我不记得在哪里听到的这个说法，但当时我觉得它太棒了。

2011年夏天，我开始真正重新思考教学的本质，直到那时我的观念才有所转变。这些学生说的有道理吗？作为一位社会学老师，我坚信我们国家的指导原则，而我的教学风格真的那么虚伪吗？在一个宣扬歌颂民主的课堂上，我们自己竟然完全不讲民主？事情不应该是这样的。小组对话和讨论是我们这门课的基础，在公民教育中心推广"我们的人民"模拟国会听证会期间，这种教学形式更加突出。我的学生参与了"公民养成"项目，并合作解决社会现实问题。我还利用各种技术提高学生参与度，培养学生21世纪所需要具备的技能。

通过进一步反思，我发现了问题所在。首先，我的教学实践极大程度地依赖直接授课。其次，我在严格地控制学生学习的内容和评估的方式。此外，我有时会布置大量作业和项目，却不说明这些作业和项目的目的。学生可能会掌握指定的学习内容，但基本不知道如何把学习的内容运用到自己的生活和学校以外的环境中，导致学生在学习上毫无自主性和控制权，这也解释了为什么尽管我倾尽全力，仍然有很多学生对课程缺乏热情，也不难理解为什么学生不愿接受我“仁慈的独裁”理论了。

• 全新的改变：制定初步教学框架 •

2011—2012学年，我转到康乃狄克州普特南市普特南高中教学。这所规模较小的公立学校约有350名学生，他们绝大多数来自康乃狄克州东北部“宁静角落”地区的工人阶层家庭。我教三门课，其中最难教的是世界历史课。学生的水平参差不齐，有时在一个班级里学生的阅读水平就有很大差别。总之，新的学年充满了挑战。我的课对很多学生而言进度太快，但对有些学生来说又太慢。有些学生经常缺课，越落越远。还有几个学生干脆不做作业，却能讲出一大堆理由。类似的情况我在刚当老师时也曾遇到过，但现在的情况更糟糕。我的主要问题不是面对新的学生类型，而是他们希望不同的教学实践和学习环境。

作为教育工作者，我对自己的表现和角色作了充分反思后得出了以下结论：我需要把课堂变成体现所有学生民主化的学习体验。这有利于激发他们深层思考，让他们置身于和现实环境一样解决问题的学习环境。内容和技能的掌握仍是基础，但学习具有更有意义的目标。我的目标是把学习环境构建成动态、民主世界的缩影，并让学生成为其中的一分子。

诚然，对于民主教育的看法众说纷纭，实践中的现实做法也千差万别。我对民主教育的理解借鉴了很多观点，其中包括约翰·杜威、约瑟夫·卡恩和约尔·韦斯特海默、霍华德·布丹，以及21世纪关键能力联盟。我在哥伦比亚大学的一个硕士课程中开展了初步研究，并针对民主教育制定了以下框架。

民主教育：

- 确保公平获取知识的机会；
- 确保获取多样化的知识和观点；
- 培养个人主动性和适应性；
- 培养参与民主生活所需的知识和技能；
- 尊重学生的不同表达方式；
- 尊重学生的选择和掌控。

民主课堂中的学生经常：

- 共同决策；
- 批判性思考；
- 问答式解决问题；
- 互动和合作；

- 主动和体验式学习；
- 对社会问题进行重要性检验。

该框架中的元素并不是民主教育的全部，却是所有有效教学的基石，而我自己的课堂并不总是采用这种教学模式。我不禁自问："我的教学策略和课程设计要如何优化，才能为学生带来更民主的学习体验？"

• 搜索有效学习管理系统 •

翻转课堂

2011年10月，一个同事向我介绍了翻转课堂概念。在初步研究后，我开始尝试翻转课堂。我用在线视频替代了课堂讲课，把观看视频作为家庭作业布置给学生，然后用课堂时间开展其他学习活动。学生对此给予了积极反馈，并取得了一定的进步，但仍然存在一些问题。首先我需要设计一个系统，用来评估这些视频是否有助于学生学习内容。于是我设计了一些指导性的问题并提供在线测试。这个策略的确有效，但学习鸿沟依然存在。

现在回想起来似乎很简单，但当时却存在一个主要问题。由于大多数课堂时间都用于学生活动，学生学习速度存在差异的问题越来越明显。有些学生可以更快地掌握当天的内容，课堂的其他时间似乎无事可做。这个问题一直存在，只是现在变得更加明显。我要怎样做才能既解决这个问题，又实践翻转学习？

通达翻转

自2012年1月起，我们开始过渡到通达翻转模式。我给每个单元设定四个大目标，每个大目标又对应四个小目标。每个小目标包含1～6项学习任务。如果学生的学习表现证明他们已经完成了一个小目标，就可以向前推进。学生使用教学视频资源，但这仅仅是学生在学习过程中使用的工具之一。通达翻转模式与之前的传统翻转模式相比是一个显著的进步，但要进一步实现学习环境的民主化还需要更多的努力。

采用学习管理系统

为了组织和管理在线内容，我开始搜索有效的学习管理系统。2011—2012学年，我采用了Edmodo平台，之后一学年，我又把所有资源和评估转移到另一个更先进的学习管理平台EDUonGo（见图9.1）上。学生可以通过这个新平台获取教学视频和其他课程资料，讨论流、交互式电子阅读器和视频标注工具等也有助于学生互动和合作。在评估方面，谷歌表格可以链接或嵌入到学习管理系统，而Flubaroo评分程序可以提供反馈分析。评估程序和学习管理系统有很多，但上面提到的是我认为最有效的。

• 构建更民主的课堂 •

随着课堂不断优化，学习的民主化本质逐渐显现。虽然教学

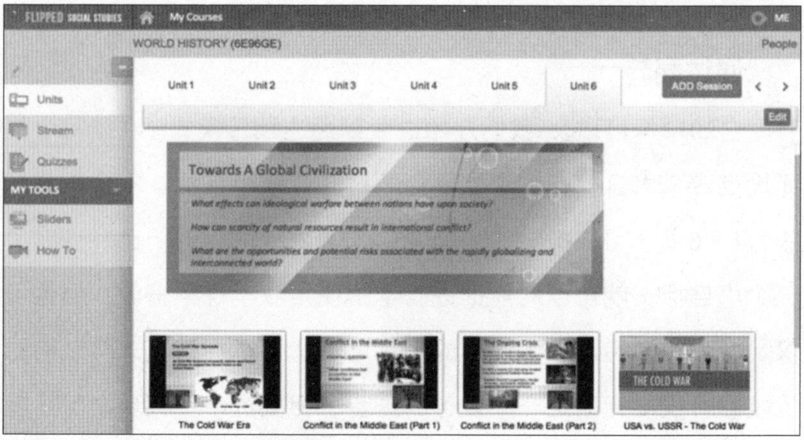

图9.1　EDUonGo学习管理系统

实践仍然以通达翻转模式为基础，但我融入了问答式学习的一些原则，并为小组对话和讨论预留时间和空间。具体而言，翻转学习使我的课堂实现了民主化，包括根据每个学生的情况安排教学，增加互动和表达自我的机会，促进主动和体验式活动，提供获取知识体验的平等机会，鼓励学生掌握学习主动权，强调批判性思维和合作式解决问题。换言之，我们的课堂成功具备了民主学习的特点。下面我具体描述一下这个过程。

> 我真的非常喜欢翻转的社会学课，因为它让我能更好地掌控学习。首先，对于何时何地完成每项作业和学习材料，我有更多选择。我喜欢它的另一个原因是通过网络获取教学视频和作业更便捷，而它们永远在那里。需要记笔记时，我可以暂停或者回放视频，这也非常有用。有时一个视频我会看好几遍，直到真正

理解了其中的内容。最棒的是我有了完成学习任务所需的时间。我在课堂上非常专注，总是能领先于其他同学，正因如此，我才能继续学习新内容，而不用坐等其他同学。

——伊桑·布鲁索，普特南高中学生

个性化

很多教育工作者认为，我们要在面向全班直接授课和解决单个学生需求之间找到折中点。例如，如果老师在课堂上直接授课，就无法顾及单个学生的问题，而如果老师帮助单个学生解决问题，可能就会疏于集体授课，但绝大多数教育工作者又认为直接授课是最基本的。而翻转学习改变了课堂本质：我现在有更多时间帮助学生解决问题，而同时又不必牺牲宝贵的直接授课时间。我认为直接授课是必要的，我会在课堂开始时的几分钟直接授课，或者通过学习管理系统让学生观看准备好的视频。

翻转学习还通过允许更大的差异化来实现课堂的个性化。学生按照自己的节奏学习，而且对学习有更多选择权和控制权。实际上，当我请一个学生迈克·罗谢尔描述翻转学习时，他并没有提到视频授课，而是说“你可以按照自己的节奏学习，完全不受其他同学快慢的限制”，另一个世界历史课学生诺亚·梅洛克斯也表达了同样的看法，诺亚说：“翻转课堂概念让我清楚地知道我要学什么，然后直奔主题，这让我感觉在教室里不再那么受限制，需要帮助时能及时获得帮助，没有人会影响我的进度。”

对于每个单元，学生会制定并达到一系列学习目标。一旦学生证明达到了一个学习目标，就可以继续学习下面的内容。基于他们在相关评估中的表现，我会判断他们是可以继续，还是需要补习。因此，掌握速度快的学生不会受到其他同学的影响，而进度稍慢的学生也不会在没有真正掌握内容的情况下仓促学习下面的内容。这种方式不仅让学生对学习掌握更大控制权，而且强调了一个事实，那就是我们的关注点并不是完成任务，而是真正的学习。

通过为学生提供更多选择并给予学生更大自主权，翻转学习使我们的课堂更加个性化。在实现学习目标的前提下，我们有更多自由设计差异化的学习任务。我尝试把全方位课程设计的原则融入课程，给学生提供多种方式证明他们已经掌握内容。例如，针对一个学习目标，我通常会提供多种评估方式供学生选择。如果学生自己设计了一种评估方式并提前向我说明了这种方式的有效性，我就会允许学生按照他们自己设计的方式评估。

> 我认为翻转学习更好地激发了学生完成课程的积极性。学生每天不再是老师让做什么就做什么，而是可以自己选择学习任务。如果你对某个任务不感兴趣，可以选择其他相关的任务。如果所有任务都不能吸引你，你也可以自己设计任务，只要你能证明这项任务同样可以实现学习目标。
>
> ——约书亚·阿拉德，普特南高中学生

互动和自我表达

我们的课堂越来越强调互动和自我表达，它们是民主教育的两个核心元素，翻转学习增加了师生互动次数并提高了互动质量。现在每堂课的大部分时间我都用来与个人或小组交流。通常而言，学生很少有机会真正坐下来与老师交流。米凯拉·泰勒是普特南高中世界历史课的一个学生，她最近表示“这些交流让我学到更多，但在有些课上我很少有机会与老师这样交流”。这种参与对话的能力不仅有助于教学，而且会营造一个更加开放、更加相互信任的学习环境。

除了师生互动，翻转学习还强调同学间的探讨。我的学生在实现单元学习目标时会自己组成学习小组，在这些小组中，我经常看到一个学生教其他学生，这种情况越来越多。如果学生更喜欢自己学习，我也鼓励他们独立完成学习任务。没有两个完全一样的学生，所以我尊重这样的事实：很多学生更喜欢独立完成学习任务，这也是学生掌握选择权和控制权的一个表现。

> 在翻转课堂，我有更多时间与其他同学共同学习。有时我会与同学们一起观看视频，以便更好地理解视频内容。
>
> ——约书亚·阿拉德，普特南高中学生

翻转学习促进互动和自我表达的另一个方式是它融入了现代通信技术，而这是绝大多数学生的至爱。借助数字媒体的互动依然为当今学生所喜爱。对于那些不太擅长使用数字技术的学生，

图9.2　视频笔记工具使学生在观看教学视频时能够提出问题并参与异步讨论

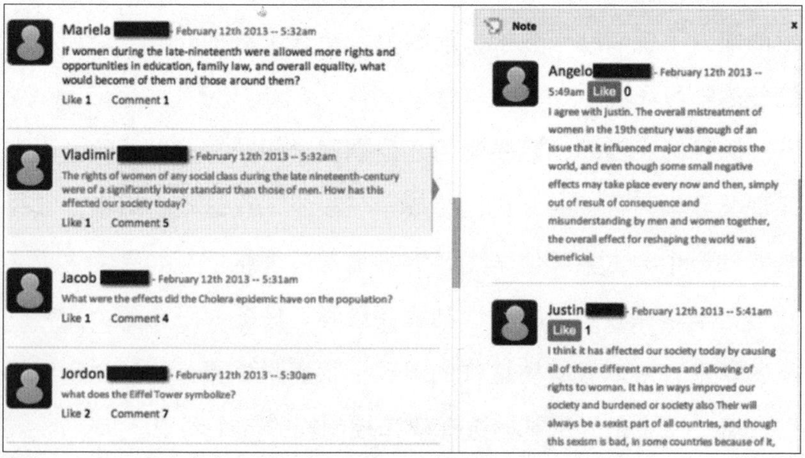

图9.3　在线讨论区使学生可以通过学习管理系统参与讨论

这些实践会帮助他们培养当今世界必不可少的技能，比如，我们能够与在线教学视频异步互动。很多老师对使用视频的一个担忧是害怕减少课上讨论，但有种方式可以弥补这一损失：当我把一个视频嵌入到学习管理系统时，学生可以使用视频笔记工具在视频的某个时间点标注注解和问题（见图9.2）。当其他用户看到视频的这个时间点时，注解就会出现。如果暂停视频，观看者就可以答复这个注解或者问题，这样就展开了基于这个视频的对话，另一个例子是通过“流”模块定期开展在线讨论（见图9.3），这些有效的网络工具使学生可以在教室外使用学术语言。

主动和体验式学习

正如杜威（1916）和无数改革者反复强调的，民主教育需要主动和体验式的学习环境。翻转学习，尤其在与通达翻转模式和问答式学习同时运用时，能够使学生以更有意义的方式参与体验式学习。例如，最近两个学生主动要求研究大功率高速中型汽车的起源，他们还问我是否可以像我一样制作视频来展示他们的研究成果。在此之前，这两个学生经常游离在我的世界历史课之外，但我能感觉到，他们自己非常想完成这个任务。他们根据自己的实际经验，选择了这个课题并开展了相关项目。通过视频方式，他们能够展示自己的研究成果，而且这种方式对于他们非常有意义。其中一个学生叫特拉维斯·斯金格，他信心十足地说：“看看，学习我关心的事物，我会做得多好！”

获取知识体验的平等机会

作为一个社会，我们的民主理想是所有学生都能拥有获取高质量知识体验的平等机会，翻转学习有助于构建更加公平的学习环境。例如，翻转学习能够差异化教学，用更多时间与学生单独交流，这就为那些原本可能落后的学习者提供更多机会。教学视频也为那些因为各种理由而缺课的学生提供了更多学习机会。

> 有时老师讲课我会分心，而教学视频有助于我保持专注。我喜欢根据我自己的需要暂停或重放视频，尤其是在考试前。另外视频永远在那里，所以即使落了一堂课也不会有太大影响。
>
> ——科迪·拉斯考拉，普特南高中学生

翻转学习使学习更加平等还体现在其他几个方面，比如，它使典型的课堂干扰事件减少。上过课的人都知道上课时会有一些干扰，比如消防演习、电话铃音等，这些会使正在专心上课的学生分心。无论出于什么原因，这种情况都是有关平等性的一个真实困境，每一次对集体直接授课的打断都会剥夺学生宝贵的学习时间。由于这些干扰而使学生错过学习机会是不公平的，采用教学视频和异步的通达学习模式都有利于解决这一问题。

> 我最喜欢翻转学习的地方是我可以选择多种方式获取信息。有些课堂上，我只有课本和讲义，而在翻转课堂上完全不同。我可以看教学视频、教程、讲义和课本，还可以根据需要随时上网找资料。
>
> ——米凯拉·泰勒，普特南高中学生

学习主动性和掌控权

关注公民个人责任感的民主公民理论强调个人主动性的培养。由于翻转学习环境更加以学生为中心，个人主动性和自我管理是必需的。很多教育工作者尽量避免给学生过多的控制权，因

Daily Learning Journal

Warm-up Response

…

Progress Monitoring

How many of this unit's learning objectives have you mastered thus far? ______ out of ______

Goal Setting

Which learning objective(s) will you master today? ______________________

Reflection

On a scale of 0-10, how much effort did you put into today's class? _____

Briefly describe (in 1-2 sentences) what you achieved today:

图9.4　每日学习日志提高学生设定目标、监控进度和回顾反思的能力

为他们认为学生不能利用好被赋予的自由，无法承担有效学习的责任。针对这个观点，我认为如果学生不具备在这个环境中学习的技能，那么老师有责任帮助学生培养这种技能。我在每个学习单元设置后设认知学习目标，目的就是强调这些技能是每个人必须具备的。学生必须学会设定目标，监控进度，并且定期反思。每日学习日志（见图9.4）和单元—目标表格有助于学生管理日常进度，而维基百科有助于学生反思和设定单元目标。总之，如果不给学生机会锻炼这些技能，并由教育工作者给予指导，学生永远不会具备这些技能。

批判性思维和合作式解决问题

民主的本质是要求每个公民能够批判地思考并合作地解决问

题，我们的课堂也推崇这一点。我们创造更多机会让学生合作，并努力创造问答式学习环境。在传统课堂里，老师被视为掌握所有知识的人，这可能是一百年前的情况。当今世界，信息无处不在。老师的知识是一个宝贵的资源，但仅仅是众多资源之一。翻转学习使学生成为彼此的资源，并可以合作地完成学习任务。例如，学生可以在参与问答式学习活动中利用谷歌文档和视频群聊实时合作。我确信，随着这些技术的不断发展，学生会有更多机会通过丰富的在线体验展开合作。

我还通过引入“20%创新时间”加强学生的批判性思维。研究表明，内在动机在培养学生批判思维和创新思维上能够发挥巨大作用（平克，2009）。这个项目允许学生用20%的课堂时间自由完成他们个人感兴趣的项目。虽然在“20%创新时间”的实践方面我们还处于初级阶段，但这个概念与翻转学习原则和我们课堂不断提高的民主性是相辅相成的。

> 我认为翻转课堂让学生对学习感到兴奋，并让学生承担起学习的责任。这种基于标准的学习方式给学生掌握知识的机会，同时又可以独立地按照自己的节奏充分学习自己感兴趣的课题。因此，每个学生都有自己独特的学习体验。最后，翻转学习允许学生通过多种评估方式展示学习成果。作为即将进入教师行业的一员，我希望在我的课堂实践翻转学习方式。
>
> ——杰弗里·卢斯，
>
> 普特南高中世界历史课前助教

• 翻转学习与民主教育调查 •

虽然在自己的课堂上实现了变革，我想知道其他翻转课堂是否也发生了类似的变化。作为毕业研究的一部分，我开展了一次有关学生和教育工作者的调查，旨在发现翻转学习在不同环境下实现民主化的程度。来自8个学区的228个学生对我的调查给予了反馈，另有28位全国各地的老师完成了调查。

正如下文列出的调查结果所示，绝大多数受访者表示翻转学习在多方面实现了教育民主化，由于民主教育本身并没有明确概念，受访者并没有直接阐述这一问题，但他们的反馈中表达了民主教育的共同元素。

学生调查结果：翻转学习及民主教育

77%	在课堂上与老师更频繁更积极的互动
79%	在课堂上与同学更频繁更积极的互动
80%	更多途径获取课程资料和教学内容
80%	更多机会按照自己的节奏学习
70%	更多机会选择自己的学习任务
77%	更多展示学习成果的方式
66%	更多机会与其他同学共同决策
70%	更多机会参与批判性思考和解决问题
69%	相信老师能更多考虑他们的能力和兴趣
82%	相信学习可以更主动，更具体验性

（结果来自8个学区的228个学生）

教育工作者调查结果：翻转学习及民主教育

96%	表示与学生有更多积极的互动
86%	表示学生间有更多积极的互动
93%	表示学生有更多途径获取课程资料和学习内容
96%	表示学生有更多机会选择自己的学习内容
75%	表示学生有更多展示学习成果的方式
83%	表示学生有更多机会参与共同决策
92%	表示学生有更多机会参与批判性思考和解决问题
96%	表示教学更加体现差异化和个性化
100%	表示学习更主动，更具体验性

（结果来自美国各地28位教育工作者）

• 这种变革振奋人心 •

我的课堂变得越来越民主让我大受鼓舞，但随着教学方式的改进，我还必须考虑几个方面的问题。首先，由于课堂给予学生更大的掌控权，我必须更努力地培养学生自我管理的学习技能。要实现这一目标，我必须定期给学生提供有效的指导、框架和反馈。其次，我要确保学生有机会参与大规模的对话，探讨大概念和有争议的问题。尽管个性化学习体验很重要，但我一定不能忽视培养学生有效参与民众大讨论的能力。

作为教育工作者，我的任务是什么？我的学生需要具备哪些知识和技能才能在当今社会取得成功？我的哪些素质是要传授给学生的？我们这样做的意义何在？这些问题是我们每个人经常自问和反思的问题。幸运的是，翻转学习让我能够加入广大的、富有激情的教育工作者队伍中，他们在不断地尝试回答这些问题。虽然翻转学习概念有一些指导原则，但我们都根据各自的兴趣、技能和目标定制了适合的方式，这也是这场变革振奋人心之处。全世界教育工作者正在利用科技尝试各种教学方法和课堂实践，这些都是前所未有的。

就我个人而言，我希望把学生培养成适应互联互通的现代世界的人才，同时创造一个体现21世纪民主的学习环境。正如我们所了解的，教育的本质正在经历深刻的变革。作为老师和两个可爱孩子的父亲，我在这两个角色上成为这场变革的相关者。因此，我有义务充分发挥我的潜能，这也是时代的要求。我也很荣幸能加入到庞大而又激情满怀的教育工作者队伍中，为实现我们共同的目标而努力奋斗。

扫码免费听
《高效能人士的七个习惯》有声书

CHAPTER 10

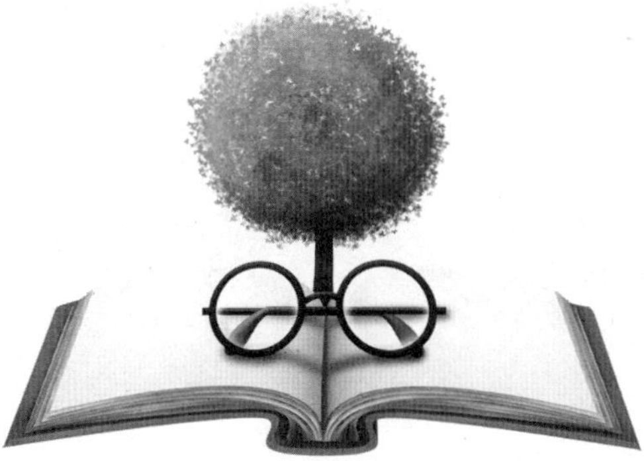

第十章

翻转学习提高 学生成绩和思考技能

——英语老师艾普丽的翻转故事

艾普丽是科罗拉多州科泉市的一位英语老师，在观摩了一个翻转课堂之后，她便决定投身其中。艾普丽列举了老师可能希望采用翻转学习模式的基本理由，以及一些入门的基本指导。她成功地改变了她与学生对课堂时间的利用方式，并在反思中不断改进。

我的生活在一场翻转之旅后彻底改变了，我知道这听起来有些陈词滥调，但这的确是事实。我是所在学区的技术骨干，领导问我是否愿意去趟伍德兰公园地区，那里有几位教育工作者对教育产生了一些不同的观点，实践了一种翻转学习模式。刚开始，我想到要重新制定教学计划，还要找人代课就有些不情愿，但我随后真是庆幸自己去了。我已经完全不记得当时找人代的什么课，但这场实地考察给我上的一课为我开启了创新的大门，使我的教学方法永远改变了。

作为公立学校老师我还是一个新手，只有三年教龄，但我已经遭遇了很多老师面临的挑战：学生缺乏积极性，对自己的学习不负责任，我在很短的时间内要给很多学生上很多课等。这些障碍使工科背景的我感到沮丧，但也是我个人必须要克服的困难。乔纳森·伯格曼和亚伦·萨姆斯——两位伍德兰公园高中老师，问了我一个简单的问题，这个问题我现在仍在思考，它已经成为我的教学真经：“如何最充分地利用与学生面对面的时间？”这个问题的答案不断鞭策着我的探索之旅。

走进乔纳森和亚伦的课堂时，我震惊了。教室看起来一片混乱，我却瞬间爱上了它。学生做着各自的研究，并根据自己的水平开展着学习活动。老师在教室里来回巡视，并与每个学生交流，可以提问也可以回答问题。学生都在主动积极地学习，完全按照自己的节奏学习，这是一种顺其自然的方式。由于老师能够在教室里来回巡视并与每个学生交流，学生对自己的学习产生了一种责任感。这种模式带给我一丝希望，我觉得我找到了为教学注入活力的方式。

• 为什么翻转课堂 •

在参观完乔纳森和亚伦的课堂后，我做了他们不让我做的事——一夜之间彻底改变整个课堂。回去后我开始重新审视自己对课堂时间的利用，立刻在课堂上采用了通达翻转模式。坦白讲，我挺过了那一年我自己都感到吃惊！这个变化是一项巨大的工程，立刻翻转课堂并且尝试基于标准的评分法不仅仅是大胆，简直是疯狂。但是通过教学法的改变，我能够在我所在的学区推广这项运动，使我所在的高中不仅实施基于标准的评分体系，而且在整个学区中获得了高中阅读和写作最高分（科罗拉多州教育部，2012）。

两年后，我感觉我需要更明确的方向，反思后我意识到我需要数据才能决策。正是从那时起，我开始调研并回答那个“唯一的问题”。我很幸运地找到了三个资源来指导我，让我有了具体的目标，而这反过来使我能够更加大刀阔斧地改变课堂和教学。

可见的学习

第一个资源是约翰·哈蒂所著的《可见的学习》(*Visible Learning*, 2009)，这本书有力证明了我的直觉是对的：翻转课堂为学生提供了最好的学习环境。哈蒂所研究的学生成绩影响因素基于对两亿个学生的800多份元分析和50多万份研究。

他的初步研究结果表明，为了对学生学习产生影响，一个教学策略必须提高学生成绩的40%(哈蒂，1999)。

表10.1列举了学生成绩影响因素的来源，并按照其影响大小排序。

表10.1　学生成绩影响因素来源

影响因素来源	影响程度(%)
学　生	50
老　师	30
家　庭	5～10
学　校	5～10
同　学	5～10
校　长	已包含在学校因素里，可忽略

(数据来源：哈蒂，2003)

正如上表所示，无论内因还是外因，学生成绩的最大影响因素来自学生自己。接下来哈蒂做了进一步研究，他将对学生成绩

表10.2　学生成绩影响因素及其影响程度

学生成绩影响因素	影响程度	因素来源
反　馈	1.13	老师
学生之前的认知能力	1.04	学生
教学质量	1.00	老师
直接授课	0.82	老师
补习/反馈	0.65	老师
学生的学习态度	0.61	学生
课堂环境	0.56	老师
目标的挑战性	0.52	老师
同学辅导	0.50	老师
通达学习	0.50	老师
父母参与	0.46	家庭
家庭作业	0.43	老师
老师风格	0.42	老师
提　问	0.41	老师
同学影响	0.38	同学
前期组织	0.37	老师
模拟和游戏	0.34	老师
计算机辅助教学	0.31	老师
测　试	0.30	老师
教学媒体	0.30	老师

（数据来源：哈蒂，2003）

影响最大的几个因素分离开，并将其与来源联系起来（见表10.2）。

正如表10.2所示，在对学生成绩影响最大的20个因素里，有16个因素来自老师，这说明作为教育工作者，我们需要更聪明，而不是更努力，把关注点放在对学生成绩影响最大的因素上，那我们就是做了对学生最有益的事情。看了这20个因素，我认为我需要用更多的课堂时间关注这些方面，从而帮助学生取得成功。要获得更多时间，就需要创造更多时间，这意味着我需要审视自己的教学方法和策略。

下一步写作

帮助我改变教学方法的第二个资源是《下一步写作》（*Writing Next*）报告（格拉哈姆、佩林，2007）。《下一步写作》为翻转课堂概念提供了更多数据。该报告指出，学生要想更好地写作，需要把写作看作一个过程，不同阶段需要不同策略。他们要采用探究技巧展开内容，并且学习各种模式。实现这些需要集中的课堂教学和时间，这些数据再次证明重新规划我的教学时间和目的势在必行。

下一步阅读

帮助我转变的第三个资源是《下一步阅读》（*Reading Next*）报告（比安卡罗莎、斯诺，2006）。该报告就提高初高中学生的读写能力提出了15条建议。以下是从《下一步阅读》中摘选的一些建议，它们对我的课堂教学发挥了巨大作用。

直接、明晰的理解方面的指导，是指策略和流程上的指导，学生通过这种指导理解阅读内容，包括总结内容，记录自己的理解，以及一系列其他练习。

积极性和自主学习，包括培养阅读和学习的积极性，为学生提供指导和支持，以满足他们毕业后独立面对学习任务的需求。

策略辅导，为学生提供集中、个性化的阅读、写作和内容指导。

集中写作，包括学生将在高中以后完成写作任务所需的指导。

技术因素，包括以技术为工具和以技术为读写指导话题。

对学生的持续评估，非正式评估，通常是对学生在现有教学实践下的进展作日常评估。

这三个资源中的任何一个都会让我严肃评估自己的教学，但将它们放在一起，产生了让我不容忽视的作用，我感到必须立即采取行动。当然，有时我所面临的变革太过剧烈，足以令很多人望而生畏，但我会鼓励你从点滴做起，并记住中国的一句谚语：千里之行，始于足下。

• 分三步解决操作具体难题 •

正如之前提到的，刚刚接触翻转学习模式时，我还是一个新老师。教授高中英语是我的理想职业，但我并不是学这个出身，我原本是搞技术的，所以对翻转学习模式中的技术方面了如指掌。我在使用新技术方面一向得心应手，可以说是不费吹灰之力（请原谅一个英语老师的自夸）。但对很多老师而言，技术问题是最难逾越的障碍，所以在继续分享我的翻转学习实践之前，我想先谈谈技术这个“秃头上的虱子”。

我发现很多英语老师在课堂上不喜欢使用技术。我们还在坚持使用纸质材料，而学生早已玩起了数字设备。我认为这个现实与这个学科的性质有关：我们已经习惯把课本举在眼前阅读，在空白处写下注释，在作文本上写下想法再动手编辑。想到英语课时，我们的第一反应便是这些硬资产——这是我们学生时代的学习方式。然而，这已经不是我们的学生对课堂的看法了。尽管对于有些老师而言，在课堂上融入更多技术似乎颇有压力，但对我们的学生而言，这是一个备受欢迎的变化。所以，从哪儿开始？我建议分三步走，它们将有助于激发细小可控的变化，同时确保老师在与学生分享之前有时间探索并适应技术。

第一步：消除繁冗

一个最简单、最有效的开始是消除繁冗。下面我来列举两个我课堂上的繁冗，说说我是如何利用翻转模式消除了它们，从而获得了宝贵的教学时间。

繁冗1：现代语言协会格式要求

作为英语老师，我每天、每周、每月、每年都在反复教学生如何以正确的格式撰写论文。我敢说每堂课我都要浪费五分钟来讲解这一个概念。暂且不说所有未能按时提交的论文，有些提交晚了的论文竟也仅仅是因为学生不知道格式要求。这就是我翻转的第一件事。我制作了一个简单的视频，讲解了现代语言协会格式标准，以及如何在文字处理文档中设置这些格式，然后把它发布在我的个人网站上。

现在，我不再在课堂上讲格式标准，让学生自行观看视频。如果学生还是不能掌握正确的格式，我会指导他们重新观看视频，然后让他们简要总结出其中的要求并制成模版，这样在之后的所有论文中都可以使用这个模版。现在学生可以在任何时间获取正确的格式信息。这个简单的举动让我收获了180分钟（每周5分钟，共36周），我可以利用这些时间提供高质量教学。

繁冗2：课堂规程和要求

不断修订和讲解规程和要求是我课堂上的第二个繁冗。虽然我会让学生把课堂要求带回家，与父母一起学习并签字确认，还是不可避免地耗费了大量时间来讲解学年初就已经制定好的一些要求，比如对待未按时提交作业的政策、规定的时间点、书面作业要求等。学生会在课堂上打断教学询问不能按时提交作业的问题（我错过了什么，我应该什么时间完成这个作业，等等），这种情况多不胜数。这或许是我个人遇到的问题，但我感觉很多老师也有同样的经历。因此，我针对不同课堂内容录制了几段主题视频。现在，我不仅让学生把工作表带回家，而且要求学生和家长一起观看视频并电子签名确认，然后，参加一个计分测试。通过这样做，我把学习的责任从我转移给学生，而学生原本就应该对自己的学习负责。

第二步：审视课堂时间的利用

对于很多人文学科的老师而言，翻转学习的一个最大障碍是他们不知道如何让翻转学习对课程发挥作用。我不认为这是一个障碍，而只是对我和我的学生而言的一个挑战。

和所有老师一样，我也是从“唯一的问题”开始：“如何最充分地利用与学生面对面的时间？”我教高中二年级的美国文学，在审视我对课堂时间的利用情况时，发现我在用大量时间提供背景信息，包括历史时期、作家生平以及写作风格。通过视频教授这些内容可以让学生以自己的节奏学习——无论是第一次学习还是复习回顾，他们在需要时还能反复观看。我研究了每个新作家/流派，并依此制作了一系列视频。例如，我们学习的其中一本书是欧内斯特·海明威的《老人与海》，我针对这本书及作者的视频内容包括：

- 作者创作这部作品时所处的历史时代背景；
- 与这部作品的主题和内容相关的作者生平；
- 作者写作技巧和风格；
- 作品的主题和文学手法。

我发现使用这种形式使得每个新课题的学习效果很好，学生可以按照自己的节奏在最方便的时候学习。并且我还另外制作了一个视频，提供相关阅读和注解。课前观看视频为学生提供了一个有助于了解一部作品的框架，他们可以带着问题来上课，而这些问题构成了课上讨论和学习的内容。

近期，我在翻转学习方面变得更加有魄力。我所在的学校开设了一门新的语法课，我制作了一个语法概念和定义视频，这样在上课讲语法时，我只需要简单描述定义，学生就可以活学活用地将语法运用到写作中。

第三步：评估反馈方法

提供及时有效的反馈会极大影响学生的成绩。反馈是我在课堂上翻转的第二件事，也正是对反馈的翻转使我从学生那里获得了积极的意见和建议。如果我们花费30分钟修改、斟酌并给出评价的论文最终被扔到回收站或垃圾箱里，那将是一种悲哀。根据《下一步写作》（格拉哈姆、佩林，2007）中给出的建议，我决定把写作过程分成10个步骤，学生在每一篇正式论文的写作中都要遵循这几个步骤。

1. 回顾笔记，写出一个可辩论又有趣的论文观点，然后自问：“这个观点适合作为提示吗？”

2. 是否有证据可以明确又有力地证明你的现有想法？

3. 写出一个简单框架，按照老师的要求提交。

4. 写出对这个简单框架的反思，按照老师的要求提交。

5. 用一个完整句子写出概要。

6. 针对这句概要写出反思，按照老师的要求提交。

7. 写出一个粗略的草稿，输入到SAS Curriculum Pathways应用程序里（一个免费资源，学生可以使用其中的写作修订工具），将处理结果以电子邮件的形式发送给老师。

8. 针对老师和/或同学的修改写出反思，按照老师的要求提交。

9. 确定终稿并与老师分享。

10. 针对终稿写出反思，按照老师的要求提交。

学生很快发现他们在这个过程中会得到老师的详细反馈，他们不仅看到这些反馈，还可以反思。在我的课堂上，这个过程的每一步都在评分上有相同的权重。

但要实现这个过程，我就必须翻转反馈方式。我开始用一个视频抓取程序记录我的反馈和评论。现在，我为学生提供对学生论文实时点评的详细电子记录，而不是写在论文上的静态的点评。不久后我发现录制语音的反馈比写在学生论文上的反馈更有意义，而且我做一步，学生就会做相应的下一步，这样学生始终保持对学习的责任感。他们可以把我看成希望帮助他们取得成功的一个友好合作伙伴。

这个过程或许看起来非常复杂和耗时，坦白讲，开始时的确是这样。你必须允许自己犯错，然后找出最适合自己和学生的方式。此外，如果整个过程看起来太复杂，不必全盘照做，选择一篇论文，按照其中几个步骤操作即可。即使你只在一篇论文上给出口头和书面反馈，也会产生不同的效果。

• 翻转学习的益处 •

在课堂上采用翻转学习模式会带来很多益处。需要记住的是，翻转不是只有一种正确的方式，或者说翻转模式不是唯一的——老师必须要自己思考如何利用课堂时间这一关键问题，并由此定制自己的模式。这里我来分享一下翻转学习给我的课堂和学生带来的益处，希望我的分享能够为你的探索带来一些灵感。

参与度

我翻转了自己的所有课堂——从9年级到12年级，每个年级都显现出越来越大的参与度。我的最大收获是今年的跨整个学期的课程。选择跨整个学期课程的学生通常不喜欢英语课，他们能表现好，却不愿意好好表现。截至目前，这些学生已经完成了视频观看任务和75%的写作过程。这些学生通常不喜欢回家完成书面作业，但愿意回家观看视频并回到课堂上讨论这些视频。当他们了解了一项学习任务的真正目的后，不仅能完成，而且能完成得很出色。

成长

让一位好老师有更多课堂时间提供高质量教学无疑将会产生

好效果。我看到了学生的成长，不仅是他们的成绩提高了，而且他们的批判性思考和写作技能也提高了。

为了说明这种成长，我举一个学生的例子，以下是他针对帕特里克·聚斯金德所著的《香水：一个谋杀犯的故事》写的论文观点：

格雷诺耶的观点让读者以全新的视角审视人们看待彼此的方式，并提供一个新的实体来理解生命中的关系。

在经过写作过程的10个步骤并在课堂或通过视频与作者一对一“交流”后，这个学生提交了最终论文，内容包括：

聚斯金德的观点构筑了格雷诺耶的转变之旅，即从社会范式之外变成一个新社会的中心，作者通过这个扭曲之旅证明了人类无法实现完美。

我知道这个例子并不完美，但它无疑证明了这个学生的成长，而且这篇论文观点是过去两年以来这个学生写得最好的。这个成长离不开翻转课堂，因为是翻转课堂使我有更多时间与学生交流，给学生提供格式上和内容上的反馈，并建立一种互相信任的关系。

成绩

我特意把考试成绩问题留到最后来谈，因为我坚信分数不应该是教学的主要关注点，而好的教学自然会使分数不断提高。但如果要问“翻转学习改变了学生成绩吗”，我会高兴地回答：“是的。”我在课堂上比以往任何时候都兴奋，可以做我喜欢做的事情——教学，而学生也清楚地了解这一点。我学生的美国大学入学考试（ACT）平均分提高了，而且国际文凭语言A总成绩也高于国际平均分，但最大的成绩莫过于学生进入大学后回来告诉我，英语对于他们而言如此轻松，因为我曾经不仅教他们如何写作，而且教他们如何思考和反思。

CHAPTER 11

第十一章

翻转学习运动将课堂转变为现代化的学习环境

——数学和自然课老师史蒂夫·凯利的翻转故事

史蒂夫·凯利是密歇根州圣路易斯高中的数学和自然科学老师，他曾在密歇根州教育委员会演讲，讲述他走向现代教育的历程，“我的学生正在创造一个创新时代。”并因此在翻转学习领域崭露头角。此后，他在多次会议上发表演讲，分享他如何将创新项目和活动带入课堂的方法和经验。

2009年末的一天，一觉醒来我意识到自从20世纪90年代以来自己在教学上毫无长进，我的学生在创造力和课堂参与度方面迅速下滑。一直以来我都感觉自己是一位好老师，直到2009年12月，我受邀参加密歇根州教育工作者网络大会，在那里我遇见了一些非常出色的老师，他们让我重新思考作为老师的方方面面。会后开车回家的路上，我跟自己约定一定要成为一个现代化的教育工作者。我努力了解哪些因素可以调动当代学生的积极性，以及哪些技能是他们进入社会所需要的。

• 技术上解决共享教学视频问题 •

一位老师在一个孤立的教室里如何做得更好？我做了以下几件事情：

- 我在会议期间走出自己的教室，走进其他老师的教室。
- 我向其他老师请教哪些事情是他们已经做了而我还没有做的。

- 我开始阅读一切我能找到的关于现代教育的书籍。
- 我与其他老师合作，请他们帮助我掌握那些我不擅长的新技术。
- 我列出为使课堂更加现代化所需要做出的所有改变。

这份列表出奇地长，我完全不知道如何在有限的课程时间里完成所有这些改变。我需要一个新方式来管理我的课堂时间。幸运的是，在我开始改变的第三个月，我收到了一封邮件，邀请我参加在科罗拉多州召开的翻转课堂大会。我当时对翻转课堂的了解十分有限，只知道直接授课部分被录制成视频，然后传统的家庭作业在课堂上完成。它听起来很有趣，于是我应邀参加了会议。

在这次大会上，两件事真正触动了我，使我决定采用翻转课堂，帮助我实现重塑。第一件事是乔纳森·伯格曼的一句话，他说："翻转课堂并不是关于那些视频，而是关于在课堂时间提供高质量的课程。"第二件事是关于一个学生讨论小组。当学生被问及他们最希望以翻转方式上哪门课时，他们的回答全部是"数学"！那一刻，我决定效仿乔纳森和亚伦的做法，并使其适合我的课堂。在与这些出色的教育工作者和伍德兰公园学区学生一起度过了三天之后，我迫不及待地返回了我的学校。

我的整个夏天都在着手准备，我希望在秋季开学后给学生带来翻转课堂体验。我用了一个月的时间思考和设计，最终制作了我的第一个正式视频。首先我必须根据最新颁布的《公共核心州立标准》（CCSS）重新组织我的课程。我花费了一些时间把所有

CCSS中要求的代数II内容分成了10个单元，计划在一个学年内完成。在每个单元中，我准备了以下内容：

- 内容大纲，学生可以依此做视频笔记；
- 实践问题；
- 第二次学习任务，以免在第一次实践中没有实现通达；
- 针对每个内容的小项目/应用问题。

在翻转课堂大会上，组织者给每个参会者发了一个视频录制和编辑程序（Camtasia，见图11.1），并就使用方法作了培训。作为越野教练，我曾有十几年为我的团队编辑视频，所以用一个新程序编辑视频对于我来说非常容易。这个软件使我能够用教室的交互投影仪轻松录制我的授课。我坚持在讲课时让学生看到我的表情和动作，就像现场上课一样。

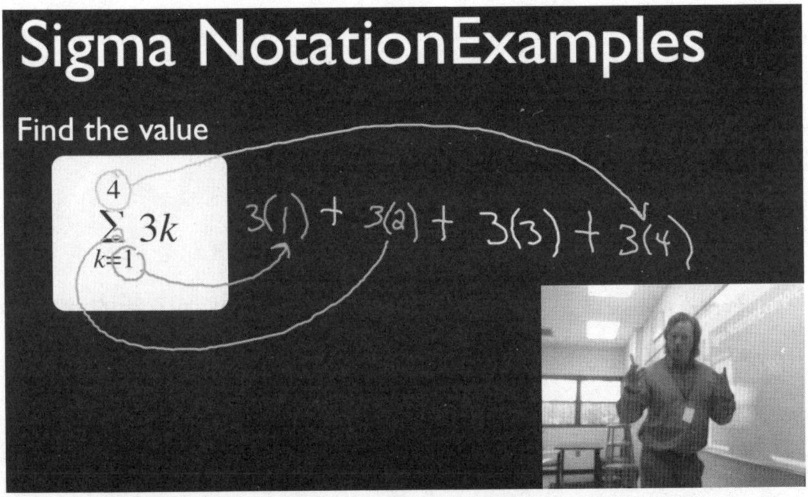

图11.1 视频录制和编辑软件可以同时显示授课内容和老师

起初我以为我可以把视频存储在学校服务器或网站上，但存储空间和带宽都成了问题。我又想借助YouTube等免费的网络托管网站，但绝大多数又被我所在的学区屏蔽了。如果一个东西被学校屏蔽了，我怎么能让学生相信在学校外使用这个东西是出于教学目的？最后我把所有视频存储在Screencast.com上，因为它的可信度很高，并且便于使用Camtasia程序。至于要在一个学年内制作90个视频的繁重任务，我的主要考虑因素就是易用性。后来我了解到，学生可以轻松使用Screencast.com来观看视频，甚至可以把它们下载到自己的移动设备上，以便在不方便上网时观看。

随着夏天的结束和翻转课堂第一年实践的临近，我还是十分担心是否所有学生能在校外获取课程内容，后来我惊喜地发现才开学两天这个问题就解决了，80%的学生可以在家或通过移动设备上网。有一些不能上网的学生在学校电脑上观看视频，还有个别学生把视频DVD借回家观看。把整个学期的教学视频刻录成DVD供学生带回家观看，这对那些家里有电脑但不联网或网速很慢的学生而言非常宝贵。

翻转课堂实现了老师希望在课堂上实现的一切。

——克里斯，高级微积分课学生

在实践翻转课堂的第一年，我很高兴自己找到了新的课堂时间，使我有机会完成一些调查和研究项目。在与其他翻转课堂老师沟通后，我意识到还可以进一步优化我的翻转课堂模式，就这样我开始从翻转课堂向翻转学习过渡。

• 在翻转学习模式下的多维评估 •

在思考如何在翻转学习模式下评估学生的学习结果时，我考虑了三个关键因素：

1. 学习项目和活动。
2. 对阶段性学习效果的沟通（过程评估）。
3. 传统的总结性评估。

学习项目和活动

翻转了课堂后，我能够重新采用一些更高层次的思维技巧和数字化项目，而原来为了让学生更容易完成课程我没有实践这些内容。现在，我让学生自己创造项目，并运用他们的新知识。这类项目包括学生自制视频（包括教学性和娱乐性视频）、谷歌开源日志、博客、动态数学软件Geogebra工作表、Excel探索活动、谷歌Drive协作论文和演示、Prezi演示以及其他学生选择的差异化项目。在技术方面我尽量让学生有多种选择，一是为了调动学生的积极性，二是为学生开辟新的学习途径，这些是在原来的课堂上无法实现的。如果学生能够不断应用所学知识处理新问题，那么他们就是在更深入地学习，对知识的掌握也会更持久。

我注意到简单的视频制作项目让学生有了巨大的进步。绝大多数学生有可以随时使用的相机（手机）。我们用这些相机和学校提供的翻转专用相机录制小视频，用来展示对学习内容的通达、释放创造力以及澄清关键概念。绝大多数小项目都是一次成型，不允许后编辑。学生需要更充分的准备，因为他们只有一次机会。有些视频是用来指导其他同学如何理解一个正在研究的问题，这个过程和翻转课堂上老师制作视频如出一辙。

> 我非常喜欢在课堂上通过制作小视频解释我们学习的内容，这比在课本上学到的东西更多。
>
> ——切斯，高级数学课学生

还有一些视频用于发掘学生的创造力。我们制作关于平均数、中位数和众数的信息广告，制作新闻节目、说唱视频，以及学生在白板上写下信息并配上音乐。我们经常拷贝互联网上的热点视频，然后加以修改来展示学生的数学知识。比如，我们最近拷贝了YouTube上“动物如何吃掉食物”的视频，并把它改编为“Z-Scores如何发挥作用”。

我的学生不仅在视频项目上更具创造性，而且当他们把视频发布在网上时（公众可以访问），他们会交出更高质量的作业。绝大多数视频我都要求发布到互联网上，并把相关URL和快速响应码（QR码）贴在教室的墙上。增加QR码极大地提高了学生作业的质量，因为他们都希望在教室外拥有真实的观众。将来我会要求每个学生开设一个博客，在里面发布项目照片，包括那些低技术含量的项目，我希望博客的公开性和对各自作业的反思机会有助于学生的学习取得进步。

对阶段性学习效果的沟通（过程评估）

翻转学习让我可以每天与每个学生或小组沟通，我也能够重新采用通达学习和在线测试方式。现在我的学生可以按照自己的节奏学习代数II课程，而当他们真正准备好时才参加评估。我在每个单元设置了一个阶段性评估体系，这样可以在学生继续下一个单元前评估是否已经掌握了前一单元的内容。为了通过阶段性评估继续下一单元，所有学生必须与我单独沟通。有时我会检查学生作业的完成情况，有时会向学生提问，而这些问题会引导他们进入深度学习。代数II课程的学生在数学能力上参差不齐，因此区别对待每个个体就成为一种必要。这些阶段性评估沟通也因学生而异，有些学生我会问一些基础知识问题，有些学生我会问一些更具探索性的问题，引导他们更深入地理解内容。

在成为现代化教育工作者的道路上，阶段性评估沟通比其他方式更能促进学生的成长。学生几乎不会贸然找我进行阶段性评估沟通，直到他们已经牢牢掌握了相关内容。这与我过去的数学教学方式相比是一种巨大的改变，在采用这种通达模式前，我每天给学生布置作业，而学生在完成作业时根本没有老师的帮助，只有那些在意分数的学生会完成作业或者抄其他同学的作业。传统的家庭作业对学生学习的影响甚微，对我如何引领课堂也没多少影响。通过这种全新的阶段性评估沟通，我能够带领每个学生体验不同的数学学习之旅。

> 在百分之百掌握了前9个单元的代数II课程内容后，我迫不及待地在今年最后两次测试中大显身手。
>
> ——乔纳森，初级数学课学生

传统的总结性评估

在最后评估中我设计了一系列在线和传统的多选题测试。这些测试由10个问题组成，所以我们不用整堂课时间就能完成测试。针对每个CCSS我都有一个问题数据库，我可以利用这个数据库给每个学生出测试题。

> 在我的翻转课堂上，90%的学生将90%的时间都用在学习上，而且非常专注。
>
> ——凯文·斯特德曼，圣路易斯高中数学老师

• 成绩大幅提升 •

在我实践翻转学习之前的两年，我教的代数II平均分只有可怕的62分（百分制），这也是我首先选择翻转代数II的重要原因之一。在翻转后的第一学年末，平均分就达到83分，第二学年末达到80分。我知道这些分数并不是标准化成绩，却是我的学生取得的成就。翻转学习让我可以利用课堂时间观察每个学生的成绩。我可以自信地说，我的学生现在对代数II有了更深刻的理解，而且对数学之美有了全新的发现。在阶段性评估沟通中，90%以上的学生对代数II的CCSS标准中85%以上的内容都实现了通达。15%的学生在学年结束前的两周到一个月就已经掌握了CCSS中的所有内容。这些学生为自己赢得了探索CCSS课程外项目的权利，比如TI—84（图形计算器）编程、逻辑和真值表、归纳证明和矩

阵代数。这些项目非常成功，我已经决定在接下来的课程中更多地融入这些学生选择的差异化项目。

• 项目式学习激发学生的发现和思考能力 •

在不断实践翻转学习的过程中，我开始与其他教育工作者合作。扎克·克雷斯威尔是我之前带过的一个学生运动员，现在是密歇根州欢喜山市欢喜山高中的一位二年级老师。我与扎克合作，我们的目标是重新设计微积分入门课。我们基本上是共同完成微积分入门课的教学，尽管我俩所在的学校相隔32公里。我和扎克就新课程的结构问题进行了大量讨论，我们都已经成功翻转了各自的课堂，所以希望将翻转学习概念作为我们新课程的主干。我俩共同制作了大多数教学视频。我们先各自工作两三周，其间经常在线视频沟通，然后每月见面两次，一般在周六上午，一起制作视频或者进行头脑风暴。

我们在项目式学习方面都没有太多经验，但都希望通过项目式学习提高学生的发现和思考能力，希望我们选择的项目与微积分入门课的学生相关，从而通过这些项目，鼓励学生在教室外运用所学的数学知识。这些项目的目标是发挥学生的归纳和推理能力。

我们采用的项目式学习就是在一个大课题开始时录制一个视频故事或者问题，然后在整个单元中加入多个小项目。我和扎克在视频中笨拙地假装做一些极限运动，然后抛出问题。这些视频非常受学生欢迎，收视率远远高出我们制作的教学视频。每段视频最后会提出一个问题或者一个活动，引导学生完成整个学习过程。在学习指数和对数方程式时，我们提出关于大学贷款的问题；在学习函数时，我们制作关于数学模型的视频；在学习三角法时，我们预测天气；在学习数列和级数时，我们计算收益。

> 这种探索式的活动对我而言很难。我喜欢别人告诉我每一步具体怎么做，我有点害怕“天马行空”地思考问题。
>
> ——泰勒，高级数学课学生

随着课程的优化，我们逐渐加入更多问答式活动。扎克总是能找到其他老师设计的活动，然后加以改进，满足我们自己的需要。如果学生自己发现一个课题，他们对这个课题的理解就会更深刻，所以我经常采用问答式活动，引导学生自己发现与前一晚观看的教学视频中相同的问题。以前我是在直接授课之前安排问答式学习活动，但显然由他们自己发现效果更好，尽管有时候他们还没意识到自己的发现正是视频中的内容。

我们还在每个单元后增加一个学生激励（差异化）挑战项目，希望学生更深入地研究每个单元中他们感兴趣的课题，并得出一些有价值的成果。我们指导学生挑选课题，然后就放手让学生自己创建项目。暂时放弃了自己的“控制权”感觉有些奇怪，但学生的最终成果大大抵消了我的不适。这些学生的项目成果是我执教23年来见过的最好的作品。我们让学生把成果制作成演示材料、视频、网站、电子书，甚至iPhone应用。

通过实践翻转学习，我完成了向现代化教育工作者的转变，对此我感到非常幸运。我不知道翻转学习是否能够解决教育体系中的所有问题，但它的确帮助我和我的学生实现了成长。翻转学习网站的多位成员和推特上的翻转课堂教育工作者都给予了我很多职业帮助。每天我都无数次地把社交网络作为“有求必应”的职业发展支持。此外，与扎克的合作也促使我开发更多协作项目。全球很多老师都在孤立地开发相似的项目。有了便利的现代化通信，所有老师可以联合起来，共同创造高质量的教学体验。我坚信，我们可以通过草根式的翻转学习运动，将所有课堂转变成现代化的学习环境。

我的现代化教育工作者成长之旅重新激发了我的教学热情。我建议其他老师也冒一次险，尝试翻转一个单元，亲自见证翻转学习带来的改变。冒险、合作、沟通、互联、创业思维和持续性学习都是学生在这个充满创造性的世界生存和成长所必须具备的宝贵技能，我在努力培养自己的这些技能，从而为学生树立榜样。前路漫漫，庆幸的是我已经踏上了成为现代化教育工作者的旅程。

CHAPTER 12

第十二章

翻转学习与教学真谛

——小学老师迪莉娅·布什的翻转故事

迪莉娅·布什是密歇根州大急流城的一位五年级老师。她的博客非常受欢迎，她提到翻转学习如何改变了她的课堂，真实和坦率地分享了自己的挫折和成功，用自己的实践告诉人们，翻转学习同样适合小学低年级的学生。

• 失望，失望，还是失望 •

迪莉娅：

你之前听说过翻转课堂吗？我在一次会议上了解到这一概念，你也看看这个视频。

詹森

这是2011年7月校长发给我的一封邮件，邮件附件是一个有关翻转课堂视频的链接。视频内容是乔纳森·伯格曼和亚伦·萨姆斯二人谈论把视频授课作为家庭作业，这样他们就有更多与学生面对面的课堂时间。我不禁自问，我之前怎么没想到呢？

为了让大家更好地了解翻转课堂如何让我产生共鸣，我想先谈谈自己的教学理念。在10年的教学生涯中，我始终相信每个孩子都有学习的能力。找到适合每个孩子的学习方式是工作中我最喜欢的部分，我不会放弃那些学习吃力或行为古怪的孩子。我所在学校的大部分学生家庭条件有限（78%享受免费或低价午餐），这些孩子的家庭状况不尽相同，但学习往往都不是他们最先考虑的事情。

我愿意尝试任何有可能对学生有帮助的事情，乐观对待失败，当听说有些做法会让学生受益时，我毫不犹豫地加入其中，所以不难想象我观看到那个视频时的兴奋之情。当天晚上我和丈夫说起翻转课堂，他问我：“为什么你要大费周章地制作那些视频？你把时间用在其他事情上不是更好吗？”

那天晚上我深入思考了丈夫的担忧，我意识到我并不喜欢学校的教学方式，甚至对此深感失望。我对教学体系感到失望，因为它逼迫学生在没学好一个内容的情况下就继续学习下一个内容。我对自己感到失望，因为我无法满足每个学生的需要，更令我失望的是我并没有像自己所希望的那样了解学生。失望，失望，还是失望！我如此失望，以至于我已经准备申请行政职位，不再教学。我仍然热爱教学，而且擅长教学，但我没有做到足够好。教学是如此重要的一份工作，仅仅擅长是远远不够的，我必须永远使自己保持出色，所以当我丈夫问我这一切是否值得时，我毫不迟疑地回答：“值得。”

• 为什么我没有真正解决学生的疑惑 •

在变革之前，如果你走进郊区的这所小学校，走进我的课堂，你会看到课桌按照小组布置，墙上贴着学生的作品，还有舒适的阅读空间。你会看到学生在一起学习，有点吵但还可以接受。坦白讲，过去一起学习通常意味着一个学生完成大部分学习任务，几个学生帮帮忙，还有个别学生就坐在那儿，看其他同学完成学习任务。学生通常在相同的时间里完成相同的学习任务，提前完成的才可以各自阅读。

作为小学老师，我要教所有科目的课程，学校希望我能够对每个科目的教学方式有所区别。这并不容易实现，但我尽力做到。我和同事米琪·麦克维的做法是按照各自擅长的领域分开授课，我喜欢数学，所以适合教数学，而米琪教自然课和社会课。因此，我教所有五年级的数学，并同时给我自己的班级上语言艺术课。

上数学课时，我通常先让学生一起快速回顾前一天的学习内容，然后再进入新内容。基本上我站在讲台上讲课，或者用投影仪播放内容。我给学生举例子，然后让学生用自己的白板做练习。同时，讲课总是被有问题的学生或者没跟上进度的学生打断。学生做练习时，我会在教室里来回巡视。在进入下一个内容前，总有很多学生举手寻求帮助，而那些因为害羞没有举手的同学通常得不到所需的帮助，因为时间太有限了。快下课时，我们几乎没有时间来探讨学习的这些知识究竟在现实世界中有何用途。

到了评估时间，我自以为已经很好地让学生掌握了不同的概念。遗憾的是，评分时我总是大吃一惊。我以为学生理解了，但事实并非如此。我很困惑：为什么我没有真正解决学生的疑惑？我的教学成为这样一种模式：我以为学生已经很好地掌握了所学知识，但实际上并没有；而学生感到疑惑，却没有说出来。我很快就厌倦了这种状态，因为太多学生根本没准备好学习接下来的内容。因此，我意识到自己需要改变。

• 被翻转课堂深深吸引 •

在获得校长和主管的同意后，我知道需要弄清楚翻转是怎么一回事，越快越好！第一个障碍是制作视频，我不想学习如何制作视频，因为有无数资源在告诉你制作视频的不同方式。我想说的是你可以利用有限的技术独立完成，这是一个学习的过程。

开始制作视频时，我没有摄像机，只有一个投影仪和一台电脑。每次制作视频，我就把电脑搬到房间中央，让网络摄像头对准屏幕，然后开始录制。这些视频不会赢得奥斯卡，这毫无疑问，但它们发挥了应有的作用，那就是教授课程。

坦白说，这个过程真的进展很慢，我的所有备课时间都用来制作视频了。我很幸运能在学生前面放置一个摄像机。在我有了摄像机后，一切都变得轻松一些。我再也不用把电脑搬到房间中央，我现在能够录制屏幕了。

在整个学年的大部分时间里，我教的课程和同学区其他老师教的课程一样，但我事先录制了视频。我保留了很多学生成绩数据，可以与前几年更传统模式下的成绩相对比，我发现，翻转的课堂在大多数评估中成绩都提高了5分左右。更令我激动的是，我对学生有了更好的了解，我可以在任何时间准确说出他们在做什么，还有哪些内容不理解。我知道谁在哪个问题上需要帮助，而谁——其他同学或我自己，又能提供这些帮助，我对学生能取得如此好的成绩感到吃惊。

米切尔和内丽的故事

去年秋季的学校开放日上，我看到了许多即将成为我的学生的孩子，我记得其中最活跃的一个就是米切尔。他很有礼貌，而且很希望参与到学校网页的制作中来（这正是我的课堂负责的），并告诉我他“不擅长数学”。我很想知道翻转的数学课是否会对和他一样的学生有所帮助。

在课前观看视频然后有所准备地来上课方面，米切尔是最持之以恒的学生之一。他的父母非常支持整个翻转过程。学年开始时，他的妈妈会和他一起观看视频，他遇到困难时就求助于妈妈。随着学习的深入，他对妈妈的依赖越来越少。他的数学课成绩始终保持在80～90分，这甚至让他自己感到吃惊。到了学年末，他已经通过了考试，而其他很多学生还在准备。在离校前一天，米切尔送给我一张精美的卡片，卡片一侧是他写给我的信，另一侧是他妈妈写给我的信。读信的时候，我情不自禁地哭了，我通常不是个爱哭的人。我最喜欢的一句话是：“布什女士，是你让我知道，我也可以学好数学。”

内丽是五年级E11学生，她对学习感到吃力。她的父母只会讲西班牙语。在这之前的几年，她几乎从来不做家庭作业，特别是数学一塌糊涂。她的新学年又以传统方式开始了，她再一次几乎所有作业都不交，直到她的课堂翻转了……

内丽始终坚持在观看数学视频时做笔记，慢慢地她对自己的能力有了一些信心。我很高兴翻转学习对内丽起作用了。在家长会上我惊讶地发现，原来翻转学习对她的妈妈也起作用了。她的妈妈和内丽一起观看每个视频，但她不是为了学习数学，而是为了学习英语。我曾经想到这些翻转会帮助人们学习英语吗？当然没有，但这太棒了，不是吗？

开学前一个月，教育委员会在我所在的学校召开了一次会议。校长问我是否愿意做演讲，我有些紧张，但还是答应了。开会当天，我在计算机实验室上的课非常糟糕，很多学生没有像我希望的那样完成任务，所以做演讲时，我有些沮丧，但还是面带微笑开始了演讲。坦白讲，我希望委员会成员礼貌地听我讲完，然后继续按日程开会。但他们不停地问问题，我震惊了，他们被翻转课堂深深地吸引，而且想要了解更多。他们给我的反馈非常积极，让我深受鼓舞，在这漫长的一天，我又重新振奋了精神。

> 翻转课堂对我的帮助很大。原来把家庭作业带回家时，我完全不理解，但在翻转课堂，我可以及时获得老师的帮助。每天晚上我都会观看老师发布在学校网站上的视频。我需要做的就是在观看视频时做好课程笔记，这帮助我更好地理解了课程内容。
>
> ——麦肯齐，五年级学生

• 在翻转课堂中重新设计学习 •

在学年中期，当地一家报纸的记者听说了我翻转课堂的事迹，前来采访我和我的学生。与此同时，鉴于我在翻转课堂方面的工作成绩，我被授予了“行动研究奖”。此外，我的博客点击量开始猛增，关注人数大大超出我的预期。对于这些关注和肯定，我有些不适应，同时感到我们还有很多潜力可以挖掘。我现在比原来更好地了解学生需求和能力吗？是的。但我仍然感觉有些配不上这些荣誉，因为我还有很长的路要走。

就在那时我听到一个问题，这个问题开始改变我的想法：“如何最充分地利用与学生面对面的时间？”仔细思考后，我意识到虽然我已经取得了一些进步，但还可以做得更好。我需要让我的学生更努力，但仅仅在课堂上解决家庭作业中的问题远远不够。我感觉有些方面还是疏忽了。我希望我的学生能够通达掌握学习材料，能够深入思考，能够理解数学为什么与他们的生活息息相关。

> 我喜欢翻转课堂，因为它让我感觉好像是和老师一起在家完成家庭作业一样！我从不会被一个问题困住，因为我可以回看视频，找到解决问题的方法。然后在课堂上，我们完成工作表，而之前通常是家庭作业。我之所以喜欢翻转课堂，之所以说翻转课堂对我帮助很大，是因为无论在课堂作业还是家庭作业上我都能得到老师的帮助。
>
> ——艾丽卡，五年级学生

12

GETTING TO REALLY KNOW MY STUDENTS

随着时间的流逝，我们继续努力工作和学习，但我不知道接下来要怎样做才能使我的课堂时间真正有意义。我脑海里有无数个想法，而当我看到布莱恩·班尼特的一篇博文时，这些想法开始沉淀下来。博客题目是《在翻转课堂中重新设计学习》，它让我更深入地思考我是如何利用与学生面对面的课堂时间的，我意识到我需要与学生开展更有意义的学习活动。

• 分享翻转课堂是如何发挥作用的 •

在我所在的学区，我是唯一实践翻转课堂模式的老师，绝大多数老师还没有听说过翻转课堂。虽然得到了学区的支持，但我并不能获得有关翻转课堂的职业培训，于是我进入了两个圈子——博客和推特，它们彻底改变了我的职业培训过程。

我开始写博客，因为我需要一个地方真实地记录我在课堂上遇到的困难和最后取得的成功。念大学和研究生期间，我的老师无数次地强调反思对于提高教学实践的重要性。这是非常正确的理论，但一天的课程结束，我已经筋疲力尽，最不想做的就是还要花几个小时思考白天发生的事情。但我还是坚持在每周日坐下来，写出这一周在学校的情况。我很快就体会到这个过程的意义所在，通过坐下来写出自己的想法，我就能够理清我的思路。博客的公开性让我感到有责任真正做出改变，它加速了我的改变过程。

我从未想过自己的博客会鼓舞其他人，从未想过自己会有粉丝，也从未想过自己会被邀请为一本关于翻转学习的书撰写一章内容。我唯一的目标就是思考我在课堂上的表现，然后找出改进的方式。博客的另一个作用是带来自豪感，这也是我未曾想到的。我的文字不仅帮助了学生和我自己，还帮助了其他老师。我告诉我的学生你在帮助别人时，自己会感到喜悦，我就是最生动的证明。如果你做一件事会影响如此多的人，你会感到自己很强大。

除了博客外，我也是活跃的推特用户。起初我用推特来介绍我的博客，但很快它就变成我所参加过的最好的职业培训。我开始关注“#翻转课堂”主题标签，这样我就能够与更多正在实践翻转课堂的老师建立联系。我再也不用表演独角戏了，我有了一个团队。我终于有了一个个人学习网站！如果我今天过得不好，我的群友会来鼓励我。如果我需要鼓励，我不必四处寻找——他们就在那里——我的“#翻转课堂”群。群里都是非常优秀的教育工作者，他们非常乐于分享自己的经验和智慧。如果你不知道如何用推特学习，或者不知道什么是主题标签，我建议你请教了解这些的朋友。

通过推特，我还能和与自己教学理念类似的其他老师建立联系，这使我有机会参与合作项目“翻转学习报”。简言之，它是一个网站，有几位特约作者，他们目前都在从事教学工作，在此一起分享翻转课堂是如何发挥作用的。这个网站威力最强大的部分在首页的最下方，那里有一个嵌入的链接。如果你正在寻找一个合作伙伴，点击进去，就会看到一个列表，列出了全国正在采用翻转课堂模式并寻找合作伙伴的老师，我们没理由要孤军奋战。

另一个故事发生在飓风桑迪来犯后不久，我想起这件事仍心有余悸。那时，我正与新泽西州的一位老师约翰·弗利茨基合作翻转数学课。当我的学生听说飓风桑迪和它的破坏范围后，他们开始担心处在危险区域的约翰的学生。我在推特上联系了约翰，再次确认后我告诉大家他的学生都安然无恙，但很多家庭在飓风中遭受巨大损失。我的学生问我他们可以做些什么。我们最后选择在音乐厅里卖花，然后用卖花的钱为约翰的学生买了一些礼物卡。这件事就发生在假日期间，所以礼物卡是个不错的主意。那些收到礼物卡的家庭非常感动，这些远在千里之外素未谋面的学生为他们送去了温暖。我的学生永远不会忘记这次经历，我也不会忘记。

• 向翻转学习过渡将学生引入更高学习层次 •

到第一学年末的时候，我已经可以熟练运用翻转课堂方式（学生在家通过观看视频听讲，在学校完成家庭作业）。但是，我并不十分满意学生的进步。有些学生学得快，我不得不让他们慢一点，与其他同学保持步调一致。有时候我还帮倒忙，在学生对上一单元内容没有通达掌握的情况下就让他们学习下一单元。这怎么能有助于学生的进步呢？我利用暑假重新评估了我的课堂时间，第二学年开始后我逐渐将学生引入更高的学习层次。我进入了翻转学习。

> 我喜欢翻转课堂，因为观看视频时，对于不理解的地方我可以反复观看。这种方式与传统学习方式相比，

> 大大提升了我的数学成绩。它对我的帮助很大，我现在念六年级，但已经学习七年级的数学了！我的新老师也在实践翻转课堂，我简直太高兴了。
>
> ——尼克，六年级数学课学生

这个学年我的课堂与上一学年大不相同，所有单元都是以问答式项目开始和结束。我的目标之一是把数学与现实世界联系起来，这就是我为了实现这一目标所做出的努力。每个单元都拆分成一些学习目标，或“我掌握了”报告。每个目标配有一到两个视频，看完这些视频后，学生回答指导性问题，这些问题都属于布鲁姆教学目标分类法的较高层次活动，然后学生提出问题。我采取的翻转学习是一种异步方式，学生已经掌握的概念就可以略过。

学生来到课堂后，我们先就指导性问题进行小讨论，然后学生提出实践中遇到的问题。解决这些问题后，学生参加一个小测试以证明是否已经通达掌握了相关内容。如果他们未能通过测试，我们就一起做更多的练习，然后用不同的试题再测试一次。

从某种程度而言，学生是按照自己的节奏在学习。但遗憾的是，这种方式也有弊端，尤其是当有些学生落后时。如果一些学生对之前的内容还没有掌握好，我怎么能继续新的内容呢？我希望我已经解决了这个问题，但实际上还没有。我还在不断钻研如何使学生实现通达。我的课堂是一个鲜活的、有生命的实体，在我们（我和我的学生）认为它需要改进时，它也在不断地变化。这种变化曾经令我感到困扰，但现在我认识到变化正是我们改进的方式，而我将一直寻找改进的方式。

除了上述提到的变化外，我的学生还通过博客与全国各地建立了联系。我们刚开始与新泽西州的一所学校建立了联系，后来又与得克萨斯州的一个班级建立了联系。博客不仅让学生谈论数学，而且让他们有了自己的观众，这种力量是强大的。

• 这不就是教学的真谛吗 •

当我回想起在实践翻转学习之前的教师生涯时，我会感到一场真切的变革。以前，我的课堂基本是直接授课，现在，学生合作式地学习，每个人都能理解学习内容。大多数学生开始对自己的学习负责，而我在课堂上的角色发生了很大变化。每堂课开始时，我用五分钟时间与每个学生交流，帮助他们明确下一步学习目标，其余时间就是学生学习，而我与每个学生一对一地交流，每天如此。这种方式太强大了！与学生家长沟通时，我能准确地知道每个学生的学习进展，以及他们的强项和弱项。总而言之，我了解我的学生，并且有时间帮助他们取得进步，而进步的程度会超出他们的想象，这难道不就是教学的真谛吗？

一位实习老师的看法

如果12个星期前你问我如何看待翻转课堂，我的答案很简单：“那是什么？”我作为实习老师走进布什女士的五年级课堂，完全不知道翻转课堂是什么，是否有效，而且坦白讲，我甚至有一点怀疑。我所受到的教育就是传统的教学方式，老师站在学生前面讲课。我很快发现，在我进入21世纪教学领域后，我原来的“舒适地带”即将不复存在。

在我观摩布什女士和她的学生上课的前两周，我发现很多有趣的事情。首先，学生正处于美国西北测试协会（NWEA）组织的学业水平测试（MAP）期间，这个测试会占用阿尔卑斯地区的三大计算机实验室，这意味着数学课中的翻转部分必须暂停直到测试结束，我听到有学生对数学课上的整体授课评论说“无聊”、“不理解”。我看到很多学生感到沮丧，甚至一个学生说“我想念那些视频”。这顿时激起了我的好奇心，翻转究竟是怎么一回事？

在MAP测试结束后，我终于有机会观摩布什女士翻转的数学课。我想说，简直太令人吃惊了！我发现在视频环节重启后，那些在MAP测试期间从不做家庭作业的学生会完成所有家庭作业。更重要的是，翻转课堂对我的生活带来的最大变化是，布什女士和我能够接触到每个学生，与他们一对一地交流，这简直太酷了。

是的，布什女士让一切看起来很轻松。让我来分享一下我的第一次翻转课堂经历。在熟悉了制作视频需要的技术后，我准备录制视频，至少我是这么想的。我坐下来，手里拿着笔记（更像是台词脚本），深呼吸后按下“录制”键，结果第一句就说得结结巴巴！试了五次后，我终于完成了视频的第一部分，然后准备录制正式的数学课内容。幸运的是，经过第一次以后，视频录制过程变得容易许多。

尽管我的第一个视频制作完成了，但接下来还有很多小问题。比如，我这个实习老师在制作视频时忘了嵌入Schooltube链接地址，结果学生在Edmodo上无法观看视频。再比如，我制作的视频超过了预设的15分钟，而我对此全然不知，直到一个学生在实验室里举手说："这个视频在最后一个问题中间就完结了！"我本应该惊慌失措，但幸好我同时学习了传统教学和翻转教学方式，而这些小事件告诉我永远要做两手准备和随机应变！

这些只是我在翻转课堂道路上遇到的几个小障碍，当我回顾这些经历时，我感觉收获了很多。我提高了教数学的信心，因为我能够设计、准备和讲授数学课，却没有面对整个班级授课的压力，而直接授课经常会因为这样那样的行为问题而中断。我还收获了一些关于技术的知识，看到了这些技术的运用对于提高和改善学习效果的作用。最后，我得到了其他老师的欣赏，因为我勇于承担风险，敢于尝试新鲜事物。布什女士一样勇于承担风险，并用她的努力、专注和勇气把课堂变成一个学生可以用全新方式学习数学的场所。我无法用语言表达这个经历对我教师生涯的影响。当我自己走上翻转之路后，我牢牢记住了一点：我的前辈是如此优秀，我需要加倍努力继续这项事业。

（摘自佩奇·朗格的客座文章
《追随优秀的前辈，我们还需加倍努力》）

CHAPTER 13

第十三章

翻转学习与翻转教师职业培训

克莉斯汀·丹尼尔斯是明尼苏达州斯蒂尔沃特市公立学校体系的教学和技术指导，她成功地在其所在校区以翻转学习模式进行教师职业培训。克莉斯汀是翻转学习网站委员会成员，她设计了翻转学习课程，供使用翻转学习模式的老师学习。

迈克·德罗纳是明尼苏达州公立学校技术主管。他帮助设计并实施面向老师和学校主管的翻转学习职业培训模式。

我们的翻转学习之旅始于2011年夏季。迈克·德罗纳时任斯蒂尔沃特市教育创新与技术协调人，他聘请我和韦恩·费勒担任全学区九所小学的全职技术整合专员。该职位依据《2005年斯蒂尔沃特市技术规划》设定，《规划》中提出了对此类人才的需求，他们能够持续地与老师展开合作，通过将技术手段应用于教学，提高学生的参与度和学习质量。学区领导坚信，全学区教师实践的系统化变革离不开全职技术整合人员的支持。

翻转职业培训是一种不断发展的职业培训模式。与翻转课堂一样，这种模式也基于这样一种理念：把较低思维层次的教学从集体学习空间转移到个人学习空间。将翻转学习应用于职业培训意味着老师自己获取数字化内容，将面对面时间用于答疑，而不是传统地坐在那里参加培训研讨会。翻转学习可以应用于各种职业培训。一些人认为翻转职业培训仅仅是让老师在参加集体研讨会或其他会议之前提前了解相关内容。这只是一个开始，翻转学习只有在学习变成个性化活动时才会真正发挥作用。在斯蒂尔沃特市，就像很多老师成功实现了翻转课堂一样，翻转职业培训也将技术整合专员转变为技术与创新指导——他们鼓励和支持创新性和变革性的教学实践。我们由衷感到这种转变之所以能够实现，是因为我们改变了如何利用与老师相处的时间，这最终让我们认识到，这种指导对于有效的职业培训是不可或缺的。

尽管我们通过圣保罗市/明尼阿波利斯市的各种科技组织早就认识，但我们三人还从未在一个组织里共事过。迈克自2005年起就在本学区工作，他不仅构建了强大的技术基础设施，而且按照《2005年斯蒂尔沃特市技术规划》组建了一支整合团队，与本学区的老师展开合作。韦恩是有着35年教龄的音乐老师，开始是兼职地从事本学区的技术整合工作，后来转成了全职。来斯蒂尔沃特市之前，我曾是一所7～12年级（初高中）学校的技术整合专员，后来进入国际教育技术协会在当地的分支机构TIES工作。

2011年3月一次学校参观活动中，我们与阿夫顿—雷克兰小学校长汤姆·霍伯特进行了一次谈话。谈话以最常见的方式开始：汤姆问我们哪些技术可以应用于课堂，以及接下来可以重点考虑采用哪些技术。我们表达的主要观点是，技术并不是问题的核心，因为之前的情况是：一种新工具的增加会让老师产生在课堂上使用它的紧迫感，但他们其实还没有充分利用现有的技术手段。我们认为问题的关键是为老师提供有效的职业培训，使他们能够利用这些技术改变教学方式，因此，霍伯特非常坦诚开放地邀请我们为他学校的老师设计并实施一种技术职业培训模式。

在一个学区有如此大的自由度开展职业培训，我们都感到很高兴。没有办公桌，也没有主要办公地点，我们就背包流动办公，因为我们获得了一个宝贵的机会，就是为学校设计并实施职业培训模式。如果这个模式取得成功，我们将能够在本学区的所有九所小学推广这一模式，继而扩展到本学区的其他所有学校。

• 传统培训模式：选择、复制、粘贴 •

传统模式的职业培训主要是介绍新工具，展示应用情景，并向老师演示“点击此处”、“选择”、“复制”和“粘贴”等每个组件。在讲解这些工具和技术时，我们并没有把它们充分融入教学环境或老师的课程内容，而且不久就发现，这些传统的讲解和演示项目并没有激发老师在课堂上使用这些新技术的热情，而我们并不知道这背后的原因。

与传统课堂上的学生一样，老师在需要给予职业指导时，也就是他们学到了一个工具或流程，开始思考如何在课堂上融入这种工具或流程的时候，我们恰恰不在其左右。我们的时间不得不用来关注这样一些事情：与老师交流如何设计互动性项目和活动，思考课堂上如何使用工具以及使用工具所需的教学法。我们传递信息的思维和方式直接体现了我们对米什拉和科勒（2006）“整合技术的学科教学知识”（TPACK）框架的理解，该框架明确了老师为了在教学中有效利用技术需要具备的不同知识领域。普恩特杜拉（2013）提出的“替代—扩展—修正—重塑”（SMAR）模式中指出，仅仅提供教学技术并不能帮助老师充分发挥他们重塑教学的能力。这两个框架对教学都非常有帮助，但它们都没有提及我们如何才能有效地嵌入职业培训。

• 翻转职业培训 •

以经验为基础

在创建职业培训模式时，我们提出的一个最重要问题是："我们希望如何利用与老师面对面的时间？"我们用了几周，深入地探讨并反思了与老师合作的经历，最终明确了一个灵活的职业培训模式要取得成功至关重要的几个因素。我们根据想法列出提纲，并起草了第一年翻转职业培训的基本框架。

我们制定了一个日程表，明确了在教学日内与小范围老师面对面、无打扰的工作时间。根据我们的经验，上课前和放学后对老师进行职业培训非常难，因为老师总是有做不完的事情。几周前与一位小学校长谈话过程中我们了解到一种轮岗代课教师模式，决定采用这种模式同时给三位老师调班，这样我们每天就可以召集12位老师，因为代课老师每两小时就从一个班级轮换到下一个班级，这种"研讨会"小组就变成了我们每月面对面培训的老师。

后来我们发现，在有些研讨会小组里，技术能力上的差异使一些老师感到沮丧，于是我们就一边做一边调整，尽量使学习障碍最小化。

> 我很愿意与从事类似项目的同事合作，但也希望与技术能力相当的同事合作。这不是我的强项，所以进度太快时我感到沮丧，因为我跟不上进度，或者跟不

上导师的节奏。

——老师反馈，2012年8月

在实施翻转职业培训的第二年，我们针对老师开展了问卷调查，询问他们认为我们的模式中哪个方面对他们帮助最大，最后我们得出四个主要方面：个性化指导（38%），在教学日开展职业培训（29%），小组或单独研讨（16%），支持项目执行并支持老师冒一定风险（13%）。调查结果证实了我们的观察：这个模式的最大益处在于老师获得的单独会面时间和个性化指导。

我真的非常喜欢学习一些我在课堂上用得到的知识，这种方式让我在最需要帮助时能够获得帮助。每月一次的安排让我有时间完成一些项目，然后在下个月获得一些必要的支持。

——老师反馈，翻转职业培训调查，2013年5月

我们利用技术把老师联系起来，并发起一些交流。老师通常是彼此孤立地工作，很多人还不会使用在线工具和网络与其他人联系，即使是与同一学区的老师联系也需要大量精力和毅力。我们知道，孤立地工作而得不到其他同事的影响、鼓励和关心，这将阻碍老师的成长，让老师之间建立联系可以共享资源、经验和最佳实践。我们通过谷歌教育应用把所有老师联系起来，并抓住一切机会让老师与同事创建和共享文件。

我们有机会与同事探讨一些项目，彼此鼓励和支持，并且开阔各自的思路。

——老师反馈，翻转职业培训调查，2013年5月

13

SCALING INNOVATION WITH FLIPPED PROFESSIONAL DEVELOPMENT

为了帮助老师与本学区的其他老师建立联系，我们整理出在翻转职业培训研讨会上从事类似项目的老师名单，然后在暑假期间把他们集合起来进行更多合作。

> 暑期翻转培训目标：学习不同方法来创建电子项目。明确适合每位老师的最佳模式。在2012—2013学年实施这些项目，记录项目的优缺点和成功之处，与他人分享经验。
>
> ——本学区5位老师共享的合作文件笔记

我们提供一些在线的电子内容，供老师在非研讨会时间学习，这样就能够将技术工具学习转移到个人学习空间，从而把面对面时间用于反思式沟通以及更深入地探索利用技术改变课堂的方式。我们把简单的指导教程制作成视频，老师可以根据自己的时间和进度观看，对于很多老师而言，他们是第一次在网上找到视频所在位置并通过观看视频学习。

> 观看视频简直太棒了！我可以尝试那些我原来想做却不敢做的事情。通过视频观看你向我演示如何操作真的很有趣，这是一个很棒的教学工具。太感谢了，点赞！
>
> ——一位老师在接收并观看个性化视频指导后发来的邮件

在此之前，我们认为老师和我们在一起是他们学习新技术工具的唯一方式。我们只是通过改变与老师在一起的活动方式重新定义了我们的角色。对于很多翻转学习老师来说也都是如此。今天我们再来回顾这件事情，这种变化对我们生活的影响是巨大的、显著的。尽管我们已经进入实践的第三年，这些元素仍然是翻转职业培训模式的基础。

2011年6月，在我们最终确定翻转职业培训模式之后的两个月，国际教育技术协会发布了有效的职业培训构成要素白皮书《中小学提高职业培训所需的技术、指导及合作》，其中概括了一个有效的教师职业学习环境的构成要素：

> 国际教育技术协会建议，为实现21世纪职业学习体验需要一个三管齐下的方法，这将使老师能够更好地为学生学习提供帮助。该方法论包括：
>
> - 一个有效的指导模式；
> - 在线社区，实现更多合作和共享；
> - 充分利用科技。
>
> 通过将这三个要素融合为一个职业学习策略，相关领导可以为老师构建一个更加强大、持续的学习环境，从而激发职业培训，使老师能够成功为学生迈进社会提供必要帮助。（国际教育技术协会，2011）

我们的翻转职业培训模式与国际教育技术协会发布的白皮书高度契合。作为一个团队，我们信心十足地继续推进翻转职业培训模式，因为我们知道正是对人们学习方式和冒险理由的理解塑造了我们这些教育工作者以及我们与老师合作的方式，至此，我们已经完成了最初的决定。翻转职业培训是创新的模式，它是我们被给予的机会、时间、空间和自由的结晶。

数字资源和个性化培训

尽管多年来数字内容已经是我们工作的一部分，但我们知道，在推广翻转职业培训的第一年，视频扮演了一个全新的角色。我们决定按照课题领域而不是工具来分类视频，得到了四个课题领域：沟通、合作、创造性媒体和演示，每个领域所包含的视频介绍具体的工具并提供技术指导。我们还制作视频，演示如何用这些具体工具或流程创建项目。例如，在合作领域，我们制作了一个关于谷歌文档的视频，详细介绍如何共享文档以便学生和老师能够参与、编辑并审阅其他人的工作，这个领域的项目视频演示了本学区的一个班级如何利用谷歌文档创建了电子报纸。这两个不同类型的视频相结合就成为我们对老师职业培训的重要内容，因为它不仅提供了工具使用环境，而且促进了课堂上对技术转变力量的进一步探索。

在实施翻转职业培训模式的第一年，我们不断改变对数字资源的利用方式。开始时，我们向老师发送针对具体课题的Moodle课程视频，供老师观看，这比较容易。我们使用高质量视频软件制作视频，但是制作过程非常耗时，最后老师的需求和兴趣远远超出了我们已经制作的视频。我们继续制作视频，但此时制作更顺其自然，所制作的数字资源更加个性化。我们发现，随着我们按照个人需求定制数字资源，能够为老师提供更大的支持。

当然，不是每个老师都喜欢通过视频学习。我们收到过这样的反馈：

- 当针对某个领域寻求帮助时，书面指导可以给用户或者学习者一种回顾的方法，然后再次练习以加强该技术的使用。
- 我还是不太理解培训材料的获取方式，我想要了解更多，以及如何获取这些材料。

也就是说，有些老师还在熟悉这种视频学习方式或者如何获取这些视频！这也是为什么我们要不断优化这种模式的原因。我们如何确保每位老师有切实可行的学习目标，以及如何给他们提供简单的数字资源获取方式？基本技术指导和文件管理技术可以更好发挥老师成为自助式人才的潜力，或许我们可以针对这个方面制作一个视频。

• 角色变成了合作关系的指导 •

每月与小范围老师进行合作式职业培训使我们能够与这些老师建立一种信任关系，成为这些老师平等的合作伙伴对于维护我们的关系至关重要。吉姆·奈特在《高效指导》（*High-Impact Instruction*，2012）一书中探讨了“合作式方法”对于职业学习的重要性，他指出：“自上而下地告诉老师做什么并期待他们完全按照指导来做往往会造成他们的反感和抵触。”

从传统模式转移到翻转学习环境时，我们的角色也发生了改变。通过与老师密切合作，我们逐渐从一个“站在讲台上传授知识”的演讲者变成了一个与老师建立密切合作关系的指导者。

但这种关系的建立并不是一蹴而就的。当斯蒂尔沃特市小学老师开始参加翻转职业培训研讨会时，很多人感到疑惑，他们不知道要怎样利用这些时间，不知道我们会让他们做什么、学什么、实施什么，而且既要准确无误又要取得成功。当他们意识到这些研讨会是为个人提供探索、学习和成长机会，是一个“玩乐”时间，是一个即使缺乏技术、充满犹豫和恐惧也无所谓的场合时，他们发生了明显的变化。他们放松并活跃起来，有时研讨会结束了，他们都会感叹时间怎么过得这么快，真希望多点这样的时间。在学年末的反馈中，有些老师这样评价指导过程：

- 我在翻转职业培训中度过的时间对我来说简直太宝贵了！翻转职业培训让我有时间真正学习一些东西，而且有一位指导在身边随时给我鼓励、帮助和真知灼见。
- 翻转职业培训帮助我走出我的“舒适地带”，去实施一些我无法独立完成的项目。

随着我们逐渐了解每位老师的优势和兴趣，我们可以更轻松地与老师探讨个性化指导，从而使他们树立自己的目标。有的老师的目标是创建并维护一个班级网站，有的是让她的二年级学生学会使用博客，这是两个完全不同的目标，需要两种完全不同的指导。

我们的翻转职业培训模式收到了比预期更大的成效，并且在职业培训结束后继续发挥显著作用。一位自信的、知识渊博的老师对其同事所产生的影响不容小觑。随着我们与实施项目的老师更密切地合作，有时有必要与他们在研讨会之外的时间见面。史黛丝是一位二年级老师，她在翻转职业培训第一学年的春季伊始与我们见面。到了第二学年的秋季，她开始参加我们每期的翻转职业培训研讨会，并带着问题清单有备而来。

在一次研讨会结束时，史黛丝问题清单上只有一半问题得到了解决，我们约定在会后找时间见面，这使史黛丝的学习时间变得异常紧张，因为她正忙着为二年级学生解决使用博客的问题。我们来到她的班级，鼓励她和学生一起学习，并且让学生来负责工具和流程。她接受失败，知道每一次犯错，她都能从中吸取经验。她毫不畏惧，勇往直前。我们不断通过邮件沟通，并给她提供所需的资源，比如，把博客文章和视频资源与她共享。

后来有一天，我们偶然遇到史黛丝的一个同事，她也正兴致勃勃地让学生写博客，显然是受到了史黛丝的影响。翻转职业培训的这种效果是我们未曾预料的，但这让我们明白，当我们鼓励一个人发挥创造力去冒险时，也是在鼓励她/他周围的人。我们的影响范围在不断扩大。这种力量往往是无形的、不可阻挡的，但是我们已经见证了，这改变了我们与老师相处的方式。成功大小，都有争取的意义，风险高低，都有尝试的价值，这是创新的必要条件。

• 鼓励教师“在钢丝上迈出第一步” •

想象着你站在一个小平台的边缘，地面在数米之下，你要开始走钢丝了。你将注意力集中在钢丝上，知道你必须向前走。

在翻转职业培训研讨会启动不久，我们开始使用这个走钢丝的比喻。参加翻转职业培训的老师有时会觉得我们好像在要求他们在高空中走钢丝。很多老师感觉他们对一个事物的了解太晚了，甚至有些学生已经走过这段“钢丝”了。通过翻转职业培训，我们为老师创建了个性化指导环境。而且我们很快发现，和学生一样，很多老师在被要求冒险改变学习方法时会感到犹豫不决，在学习技术时尤其如此。我们意识到这些老师有勇气不断反思、不断实践，去改变教学和学习方式。与传统角色不同，我们大部分时间都在支持和鼓励教育工作者在“钢丝上迈出第一步”，他们需要意志坚定、集中精力并相信自己。这是非常个性化的事情，而且一定有所回报。

• 翻转学习是一座通向更好学习实践的桥梁 •

创新需要信任。很多鼓励创新的人都赞同丹尼尔·平克在《驱动力》(*Drive*，2009）一书中的观点。他们坚信，为了能够每天工作并充满热情地全力以赴，我们必须具备三个要素：自主、通达和目的。如果一个组织的领导能够创建这样的工作环境，整个组织都会感受到一种活力。人们在积极创造、改进和创新中感受到的活力和动力会不断蔓延开来。

人们探讨创新变得越来越常见。在斯蒂尔沃特市，职位头衔从“技术整合专员”变成“技术与创新指导”就反映了这种变化。

这些工作都是为了使技术更好地融入和协助创新性的教育和学习实践。

基于我们在设计和实施翻转职业培训方面的经验，一个学区可以提供一个场所小范围地尝试一些想法，从而发现并设计更有益的学习实践。目前，网络上有丰富的创新思想和有益的实践资源，这种小规模的研究和设计活动可以从一定程度上管理和协调这些思想，并且在富有创新性的教育工作者中传播。

我们生活的周围充满了各种创新“岛屿”，这些“岛屿”正在蔓延。很多翻转学习教育工作者认为翻转学习是一座通向更好学习实践的桥梁。不管是“桥梁”还是“钢丝”，或许都没有想象中那么恐怖，我们在这个过程中所需的创新也是如此。翻转学习是一个过渡，从第一步到接下来的每一步，它帮助老师到达教育之旅的另一个目的地。从我们的翻转学习经验来看，老师喜欢这个目的地。

对于翻转职业培训而言，我们作为专业人士所做的转变远远没有结束。我们已经看到了这些有针对性的内容和指导对老师的影响。可以说，翻转职业培训融合了职业培训中的最好想法。面向老师制作的个性化数字资源与职业培训指导模式相结合会激发更高效的创新。

CHAPTER 14

第十四章

翻转学习与翻转学校管理模式

现在的教育与当初相比已经发生了根本性的变化。我们原来的成长环境信息匮乏，而当今世界可谓信息饱和而且互联互通，这种根本性变化需要彻底改变课堂和学校的运作方式。

每位老师与我们分享的故事都反映了这种变化，翻转学习使他们触及了教育的核心。他们还是教授内容，但已经完成了翻转课堂阶段，并带领班级走向更深层的翻转学习阶段。值得注意的是，针对之前提到的“唯一的问题”——如何最充分地利用与学生面对面的时间，他们都得出了自己的答案。他们发生转变的故事各不相同，但都通过内容、好奇心和师生关系的结合推动了学习活动。

• 管理者的新思考 •

“唯一的问题”不是只针对老师提出的，我们希望管理者也思考：如何最充分地利用与教职人员面对面的时间？管理者很多时候浪费了这样的宝贵时间。管理者如果也来翻转教职会议会怎样？如果教职会议上不再只是传递信息，而是大家热烈讨论最佳实践会怎样？在这些教职会议上，教职人员是不是心不在焉？是不是在各自查收邮件或者批改试卷？这与那些不喜欢听讲而去玩

Facebook或者发短信的学生有什么不同？能不能利用技术手段来传递内容，从而使面对面时间更丰富、更有效、更有价值？很多实施了翻转学习方式的管理者告诉我们，他们现在的教职会议比以往任何时候都深入，更充分地利用了学校最宝贵的资源：专业教育工作者的创造性思维。

我们在全世界分享翻转课堂和翻转学习故事时，深刻感受到老师对学生的尽心尽力。教育工作者是充满奉献精神和无限关爱的一个群体，他们希望自己的所作所为能够为学生提供最有效的帮助。很多老师意识到需要做出改变，只是需要一块敲门砖帮助他们敲开转变之门。很多老师已经被繁重的教学任务压得筋疲力尽，因为他们要按照明文规定的内容标准在同一时间向所有学生传授这些内容。学生整齐地排排坐，在同一时间学习相同的内容。但当老师反思这一实践时，发现学生实际上并不是在同一时间掌握了内容，只是在同一时间被传授了内容。这些老师按照他们被传授的方式教学并深陷其中，不得不成为“知识喷泉”。他们意识到世界已经变化，所以在努力与数字化和网络化一代的学生建立联系。

有些标准不会立刻被取消，也不应该被立刻取消。正如谷歌CEO埃里克·施密特所述，人类每两天创造的信息量与人类诞生以来至2003年制造的信息量相当（西格勒，2010）。西格勒的这篇文章发表于2010年，现在的增长速度可能会更加惊人。虽然这里提到的信息构成有待讨论，但无论具体数量如何，有一点可以明确，就是当今世界不缺少信息。实际上，如今难题不再是获取足够的信息，而是如何将大量信息过滤为相关、有用的信息。曾经的世界，只有少数人可能知道所有信息，可以阅读绝大部分发表的材料，这样的时代已经一去不复返。因此，学生家长和教育工作者必须做出决定：我们希望学生了解很小范围内的很多内容，还是了解很大范围内的很少内容？我们只为教育学生制定标准，还是我们将这些标准作为学习的最低要求？我们是否要让学生关注学习本身，使他们能够在不断丰富的世界中自由探索？我们如何决定哪些东西更值得通达掌握？这些问题的答案将因为对世界的哲学、科学和存在方面的不同理解而不同。但无论答案是什么，翻转学习都需要在教育环境中发挥作用，它有助于在更大的教育环境中优化对内容的学习，无论以何种形式，在任何学校或任何学习环境。

翻转学习可以让老师发挥他们的最大优势：帮助学生学习。它让老师能够在学生需要时把重要内容传授给学生，不必再按照刻板的日程表向学生传授内容。翻转学习使老师能够通过差异化教学，甚至选择性、兴趣化教学来定制学生教育。翻转学习还非常灵活，可以满足不同年级、不同水平学生的需求。

史蒂夫·凯利这样问道："一位老教师如何能变得更好？"他知道原有教学体系已经瓦解，但不知道如何带领学生更深入地学习。本书中的实践者在反复研究这一主题，他们知道原有的教学体系已经瓦解，他们需要全新的方式。他们每个人都以自己的方式发现并实践了翻转课堂。他们制作视频，重新设计课堂，投入大量时间并承担一定风险来尝试新事物。他们已经取得成功，但即便如此，他们仍然意识到还有更多可以改进之处。

虽然翻转课堂改变了他们的教学实践，但这些教育工作者并不满足于此。他们带领学生更深入、更广泛地学习，从而进入到未知的翻转学习领域。他们发现了什么？他们发现了有效的、存在已久的教学方法，比如项目式学习、重视理解的课程设计、问答式学习、通达学习，等等。很多时候，翻转学习中蕴涵的观点并不新颖，但翻转学习的独特之处在于它为传统老师提供可实践、可实现的方法，带领学生更深入、更广泛地学习，而原来他们认为这些都是不可能的。很多实施了翻转学习的老师告诉我们，翻转学习为他们的教育事业重新注入了活力，而之前他们有些已经打算放弃教学，有些正打算转到管理岗位，比如迪莉娅·布什。

• 翻转学习与引爆教育“最有效点” •

教育工作者希望做出对学生最有利的事情，但他们有时不得其法。有些人告诉我们翻转课堂是一个简单的想法，他们说对了。我们认为翻转课堂是一块敲门砖，它通往更丰富的翻转学习体验。布莱恩·杰维斯是伊利诺斯州丹尼森市的高中数学老师。他参加了我们早期在科罗拉多州召开的一次会议，然后开始实施翻转课堂并坚持了两年。布莱恩的学生取得了优异的成绩，但他希望带领学生进入下一个阶段。过去一年，他实施了我们在第一本书《翻转课堂与慕课教学：一场正在到来的教育变革》中记录的通达翻转模式。他在给乔纳森的邮件中说："我不得不说这简直改变了一切。我和我的学生现在更加享受课堂时间，不会感到任何苦恼，所有学生可以在自己的'舒适地带'按照自己的节奏学习，有的阅读，有的观看视频，有的听我讲解。这简直太神奇了。"乔纳森后来在一次会议上遇见布莱恩，布莱恩对乔纳森说："我之前怎么没有发现这种方式？现在我跟别人谈论翻转课堂，我一定会告诉他们另一个法宝——翻转学习，我想我已经找到了教育的'最有效点'。"

我们不是都想找到教育的"最有效点"吗？是的！但我们希望教育工作者能集思广益，因为教育的"最有效点"应该不止一个。由于学生千差万别，因此他们的教育"最有效点"也应该因人而异。在一个理想的翻转学习环境中，老师应该给学生提供多种选择，学生的学习方式可以是视频、教科书、网站、在线模拟、实践活动、以学生为中心的项目，或者解决现实世界的问题。每位老师所提供的选择应该考虑学生年龄，学生的自主程度，以及具体学科的学习资源类型。为什么长久以来我们只给学生提供一种方式？

《异类》（*Outliers*，2008）和《引爆点》（*Tipping Point*，2000）的作者马尔科姆·格拉德威尔在2004年的一次TED大会上讲述了霍华德·莫斯科维茨的故事。霍华德受命为普雷格寻找味道最正宗的意大利面酱，他并没有找到适合所有人口味的一种酱料，而是建议普雷格做出多种不同味道的意大利面酱。在此之前，绝大多数食品制造商都在寻找一种多数人都喜爱的酱料配方。霍华德的观点是，与其给人们一种口味，不如创造多种不同的口味。普雷格采纳了霍华德的建议，并因此赚取了六亿多美元。霍华德研究发现，每个人对于意大利面酱都有自己的偏好。与基于一人偏好的单一选择相比，人们更喜欢多种选择。

就教育而言，翻转学习为每个学习者提供了类似的定制化教育体验。政府和私人实体已经投入了大量资金开发通用型教育以期满足每个学生的教育需求，然而，没有一个单一体系可以完成这项令人畏惧的任务，也不应该存在这样一种单一的体系。每个学习者都是不同的，我们需要尊重他们的学习偏好和需求。我们所期待的课堂是重视内容的传授，但同时学生可以选择学习方式，翻转学习满足了课堂的这种个性化需求。本书中的实践者已经放弃了通用型方式，而努力满足每个学习者的需求。现在，我们希望广大读者能够不仅翻转你们的课堂，而且在建立了稳固的师生关系的环境中，迈向更深入、更广泛的翻转学习。

- 风靡全球的“翻转课堂”和“翻转学习”，最早起源于本书的两位作者乔纳森·伯尔曼和亚伦·萨姆斯，他们所任教的美国科罗拉多州落基山的“林地公园”高中被誉为“翻转课堂圣地”，他们在学校长达10余年的对于翻转课堂的实践，已经引起越来越多的人的关注，以至于经常受到邀请向全世界同行介绍这种教学模式
- 来自“世界翻转课堂圣地”的成功模式——轻松效仿
- 被誉为“翻转课堂先驱”的他们对翻转课堂进行了长达十余年的勇敢尝试——成效显著
- 数学和科学卓越教学总统奖得主震撼力作——超强影响力

作者简介：乔纳森·伯格曼，获得过数学和科学卓越教学总统奖（该奖项是美国数学和科学教学领域杰出表现的最高认证），被誉为“翻转课堂先驱”。他和亚伦对翻转课堂进行了长达十余年的勇敢尝试和实践，引起了全世界的关注，世界各地的小学、初中、高中乃至成人教育都纷纷采用这种模式来教授各个学科，并取得了卓越的成效。

亚伦·萨姆斯，获得过数学和科学卓越教学总统奖，被誉为“翻转课堂先驱”。他和乔纳森一起为“翻转课堂”这种教学模式的完善和推广做出了巨大的贡献。

入选中国教育新闻网“影响教师的100本书”

翻转课堂与慕课教学：
一场正在到来的教育变革

ISBN：978-7-5153-2823-2
作者：[美] 乔纳森·伯格曼，亚伦·萨姆斯
定价：26.00元

内容简介：《翻转课堂与慕课教学》开始于一个简单的观察：在传统课堂上，学生一直很被动地接受教师的答案。而现在，作者乔纳森·伯格曼和亚伦·萨姆斯尝试了翻转课堂模式，这种模式以学生为中心，鼓励学生为自己的学习负责，并广泛运用于学生的家庭作业、课堂任务、实验和考试等各个方面。

通过10余年的勇敢尝试，乔纳森·伯格曼和亚伦·萨姆斯渐渐发现这种模式可以复制到任何一个课堂，也不需要更多金钱的投入。在这本书中，你将知道“翻转课堂”模式究竟是什么，为什么这种模式会有效，如何实施这一模式。

翻转学习：如何更好地实践
翻转课堂与慕课教学

ISBN：978-7-5153-3483-7
作者：[美] 乔纳森·伯格曼，亚伦·萨姆斯
定价：32.00元

内容简介：本书探讨的是一场比翻转课堂更深入的变革：老师不仅仅考虑翻转自己的课堂，而是更为深入地去翻转整个学习过程——如何最充分地利用与学生面对面的时间，从根本上改变课堂和学校，从而满足每一个学生的需要，真正达到定制化学习体验，实现教育“最有效点”。

翻转学习的最大力量正是能够为每一个孩子定制学习。教师可以集中精力改变课堂，使它完全以学生为中心。翻转学习将永远改变教师的教学和与学生互动的方式：学生不仅提高了成绩，而且习得了更加重要的批判性思维和写作技能。教师在课堂上比以往任何时候都兴奋和轻松。